Jauk

Das Grundbuch in der Praxis

Das ABC der Grundbuchseintragungen

Mit vielen Beispielen und Mustern

Das Grundbuch in der Praxis

Das ABC der Grundbuchseintragungen

von

Amtsdirektor Anton Jauk

LexisNexis®
ARD Orac

Die LexisNexis-Gruppe weltweit

Argentinien	LexisNexis Argentina, BUENOS AIRES
Australien	LexisNexis Butterworths, CHATSWOOD, New South Wales
Benelux	LexisNexis Benelux, AMSTERDAM
Chile	LexisNexis Chile Ltda, SANTIAGO
China	LexisNexis China, PEKING and SHANGHAI
Deutschland	LexisNexis Deutschland GmbH MÜNSTER
Frankreich	LexisNexis SA, PARIS
Großbritannien	LexisNexis Butterworths, a Division of Reed Elsevier (UK) Ltd
Hongkong	LexisNexis Hong Kong, HONGKONG
Indien	LexisNexis India, NEU DELHI
Italien	Giuffrè Editore, MAILAND
Japan	LexisNexis Japan, TOKIO
Kanada	LexisNexis Canada, MARKHAM, Ontario
Malaysien	Malayan Law Journal Sdn Bhd, KUALA LUMPUR
Mexiko	LexisNexis Mexico, MEXIKO CITY
Neuseeland	LexisNexis NZ ltd, WELLINGTON
Österreich	LexisNexis Verlag ARD Orac GmbH & Co KG, WIEN
Polen	Wydawnictwo Prawnicze LexisNexis Ltd., WARSCHAU
Singapur	LexisNexis Singapore, SINGAPUR
Südafrika	LexisNexis Butterworths, DURBAN
Tschechien	LexisNexis Nakladatelstvi Orac sro, PRAG
Ungarn	HVG-Orac, BUDAPEST
USA	LexisNexis, DAYTON, Ohio

Bibliografische Information Der Deutschen Bibliothek

Die Deutsche Bibliothek verzeichnet diese Publikation in der Deutschen Nationalbibliografie; detaillierte bibliografische Daten sind im Internet über **http://dnb.ddb.de** abrufbar.

ISBN-10: 3-7007-3549-9
ISBN-13: 978-3-7007-3549-6

LexisNexis Verlag ARD Orac GmbH & Co KG, Wien
Wien 2006
http://www.lexisnexis.at
Best.-Nr. 79.37.01

Fotos: Privat

Hersteller: Prime Rate GmbH, Ungarn

Vorwort

Dieser kompakte Ratgeber erklärt grundbücherliche Eintragungen kurz und einfach, ohne Verwendung von „Amts- oder Juristendeutsch". Auch umfassende Rechtszusammenhänge werden so kurz wie möglich wiedergegeben.

Durch die genaue, schrittweise Beschreibung von Grundbuchseintragungen werden sowohl Inhalt, Auswirkung und Zusammenhang von Eintragungen dargestellt. Dadurch ist dieses Buch eine wertvolle Hilfe in der Praxis – einem Dschungel von Gesetzen, Kommentaren und Handbüchern.

Eine rasch gefundene Erklärung von Grundbuchseintragungen soll die richtige Verwendung in Grundbuchsanträgen, den Schutz vor bösen Überraschungen und Rechtsfolgen sowie das Erkennen ihres wahren Inhaltes gewährleisten.

Das in der Praxis immer öfter vorkommende Bedürfnis, einfach und rasch zum gewünschten Ziel zu gelangen, hat mich veranlasst, Grundbuchseintragungen in eine leicht verständliche Sprache zu „übersetzen".

Dieses Buch ermöglicht KanzleimitarbeiterInnen, größeren Unternehmen, die über Liegenschaften verfügen und allen Personen, die in der Praxis mit dem Grundbuch zu tun haben, sich in dieser Materie zurechtzufinden.

Frohnleiten, im September 2006 *Anton Jauk*

Inhaltsverzeichnis

A. Allgemeine Einführung in das Grundbuch

Das Grundbuch dient zur Sichtbarmachung von Rechtsverhältnissen (Rechten und Lasten), die am unbeweglichen Vermögen, also an Grund und Boden, bestehen.

Feststellungen an Grund und Boden gab es praktisch schon immer. Unser Grundbuch in der derzeitigen Form wurde unter Zugrundelegung des Grundkatasters (in diesem sind alle Grundstücke eingetragen) geschaffen und in Buchform geführt. Diese Form der Führung in Büchern führte im Lauf der Zeit zu einer gewissen Unübersichtlichkeit der Grundbuchseinlagen. Umfangreichere Einlagen wurden in verschiedenen Bänden fortgesetzt, alte Schriften wurden immer unlesbarer; der Raumbedarf wurde im Lauf der Zeit immer größer. Es wurden daher Überlegungen angestellt, die eine neue Form des Grundbuchs unter Beibehaltung des bisherigen Rechtssystems zum Ziel hatten. Diese Überlegungen führten zum Ergebnis, das Grundbuch nicht mehr in Buchform, sondern durch Speicherung in einer Grundstücksdatenbank zu führen. Dadurch wurde neben einer schnelleren Bearbeitungsmöglichkeit auch eine bessere Übersichtlichkeit und Lesbarkeit des Grundbuches erreicht, was einen rascheren und besseren Zugriff auf die Grundbuchsdaten zur Folge hat. Die maschinelle Grundbuchsabschrift durch Ausdruck aus der Grundstücksdatenbank ist wesentlich schneller erstellt, als früher ein mit der Hand geschriebener Grundbuchsauszug. Gleichzeitig wurden die Daten des Grundbuchs (rechtliche Daten) mit denen des Katasters (Grundstücksdaten) verknüpft und somit eine automatische Übereinstimmung dieser Daten hergestellt. Diese Umstellung auf automationsunterstützte Datenverarbeitung (ADV) wurde im Jahr 1980 begonnen und im Oktober 1992 für ganz Österreich abgeschlossen. Aufgrund dieser Umstellung (gesetzliche Grundlage ist das Grundbuchsumstellungsgesetz, GUG, BGBl 1980/550) ist es nunmehr möglich, die Grundbuchs- bzw Katasterdaten aus ganz Österreich von jeder angeschlossenen Abfragestelle aus unmittelbar abzurufen. Zusätzlich wurde die Möglichkeit geschaffen, diese Daten auch außerhalb der Gerichte bzw Vermessungsämter über das Medium Internet abzufragen.

B. Grundlegende Begriffe

1. GRUNDBUCH

Das Grundbuch besteht aus dem **Hauptbuch** und der **Urkundensammlung** (§ 1 GBG). Das Hauptbuch ist nur durch die Speicherung der Eintragungen in einer Datenbank zu führen und mit dem Grundstücksverzeichnis des Grundsteuer- oder Grenzkatasters zu verknüpfen (§ 2 GUG). Dabei werden mit den Eintragungen des Hauptbuches auch die Eintragungen des Grundsteuer- oder Grenzkatasters über die Benützungsarten, das Flächenausmaß und die Anschrift der Grundstücke wieder gegeben.

Das **Hauptbuch** dient zur Aufnahme der Grundbuchseintragungen. Für jede Katastralgemeinde wird ein Hauptbuch geführt, dieses besteht aus den einzelnen Grundbuchseinlagen. Für jeden Grundbuchskörper wird eine eigene Einlage gebildet, die mit der so genannten **Einlagezahl** eindeutig bezeichnet ist. Die Hauptbücher aller Katastralgemeinden eines Gerichtes bilden das Grundbuch des Gerichts.

Im Hauptbuch werden alle Grundbuchskörper und ihre Änderungen und die sich darauf beziehenden dinglichen Rechte und ihre Änderungen eingetragen (§ 2 Abs 2 GBG).

Um eine bessere Übersicht zu gewährleisten, werden im ADV-Grundbuch im Hauptbuch in der Regel nur die aufrechten Eintragungen dargeboten. Jede selbstständige Eintragung wird unter einer eigenen Zahl, der so genannten **laufenden Nummer** (LNR) sowie einem Kleinbuchstaben (lit-Buchstabe), beginnend mit „a" (lit a) eingetragen. Weitere Eintragungen, die zu einer solchen Eintragung gehören, werden unter weiteren Kleinbuchstaben (lit b, c usw) zugeordnet. Zu löschende Eintragungen werden in der Regel in das Verzeichnis der gelöschten Eintragungen übertragen.

Beispiel:

```
GRUNDBUCH 63004 Frohnleiten                                EINLAGEZAHL     71
BEZIRKSGERICHT Frohnleiten
******************************************************* ABFRAGEDATUM  2006-08-06
Letzte TZ  2917/2005
BINDER
************************************ A1 ************************************
   GST-NR   G BA (NUTZUNG)          FLÄCHE  GST-ADRESSE
   388/1      Baufl.(begrünt)          909
   388/3      Baufl.(begrünt)          254
   388/7      Baufl.(begrünt)         4016  Rabensteinerweg 1a
   389/1      Baufl.(begrünt)          364
   .11/2      GST-Fläche               241
              Baufl.(Gebäude)          113
              Baufl.(begrünt)          128
   .232       Baufl.(Gebäude)           80
   .233       Baufl.(Gebäude)           96
   .234       Baufl.(Gebäude)           47  Rabensteinerweg 1
   .235       Baufl.(Gebäude)           50
   GESAMTFLÄCHE                       6057
```

```
************************************* A2 ***************************************
   2  a gelöscht
************************************* B ****************************************
   1 ANTEIL: 1/1
     Köberl   Erika
     GEB: 1960-02-03 ADR: Rabensteinerweg 1, Frohnleiten   8130
      d 1516/1985 Vorkaufsrecht
      f 924/2000 Einantwortungsurkunde 1999-09-22 Eigentumsrecht
************************************* C ****************************************
   7  a 1516/1985
          VORKAUFSRECHT hins Gst 389/1 für
          Marktgemeinde Frohnleiten
   8  a 2917/2005 Pfandurkunde 2005-12-09
          PFANDRECHT                            Höchstbetrag EUR 175.000,--
          für Raiffeisenbank Judenburg
          registrierte Genossenschaft mit beschränkter Haftung
********************************** HINWEIS *************************************
           Eintragungen ohne Währungsbezeichnung sind Beträge in ATS
```

Zu jedem Hauptbuch wird ein **Verzeichnis der gelöschten Eintragungen** geführt, es steht rechtlich dem Hauptbuch gleich (§ 3 Abs 1 GUG). In das Verzeichnis der gelöschten Eintragungen werden alle Eintragungen aufgenommen, die im Hauptbuch gelöscht wurden und zum Verständnis des Grundbuches nicht mehr notwendig sind. Es besteht also zu jeder Grundbuchseinlage, in der sich die aufrechten, aktuellen Eintragungen befinden, eine „Paralleleinlage", in welcher sich die gelöschten oder veränderten Eintragungen befinden. Diese „Paralleleinlagen" bilden in ihrer Summe das Verzeichnis der gelöschten Eintragungen.

Auch die Durchführung einer Löschung in der aktuellen Einlage wird in das Verzeichnis der gelöschten Eintragungen durch Angabe des Datums (Tag, Monat und Jahr) der Übertragung aufgenommen. Diese Eintragung ersetzt großteils die Löschungseintragung.

Wird eine nur teilweise gelöschte Eintragung übertragen, so ist sie im Hauptbuch durch die Eintragung zu ersetzen, die den noch aufrechten Teil der Eintragung wiedergibt. In dieser Eintragung ist die neue Tagebuchzahl, zu der die Übertragung erfolgt ist, zusätzlich angegeben.

Eintragungen, die für die Wiedergabe des aufrechten Grundbuches nicht mehr von Bedeutung sind, werden von Amts wegen in das Verzeichnis der gelöschten Eintragungen aufgenommen.

Im Verzeichnis der gelöschten Eintragungen sind aber auch Hinweise über den Vollzug von Eintragungen im Hauptbuch unter Angabe des Datums (Tag, Monat und Jahr) zu finden. Es entsteht dadurch eine Art Protokoll über Veränderungen im Grundbuch.

Das Verzeichnis der gelöschten Eintragungen wird nach Arbeitsfällen geführt, wobei die jüngste Eintragung, gleichgültig ob es sich um eine Eintragung im A-, B- oder C-Blatt handelt, immer am Beginn der Ausgabe steht.

Es wird für jede Einlage seit dem Zeitpunkt der Umstellung der jeweiligen Katastralgemeinde auf automationsunterstützte Datenverarbeitung geführt. Alle vor diesem

Zeitpunkt im Grundbuch aufscheinenden gelöschten Eintragungen sind nur im alten, händischen Grundbuch ersichtlich.

Beispiel:

```
VERZEICHNIS DER GELÖSCHTEN EINTRAGUNGEN            ABFRAGEDATUM 2006-08-06
GRUNDBUCH 63004 Frohnleiten                              EINLAGEZAHL    71
BEZIRKSGERICHT Frohnleiten
beschränkt auf die Zeit zurück bis 1986-03-03 *****************************
** C ** übertragen und/oder als Hinweis aufgenommen am  2005-12-30,  2917/2005:
   8    C-LNR in das HB eingetragen
      a in das HB eingetragen
*****************************************************************************
** B ** übertragen und/oder als Hinweis aufgenommen am  2000-10-02,   924/2000:
   1 ANTEIL: 1/1
     Renat   Erich
     GEB: 1927-08-20 ADR: Rabensteinerweg 1   8130
      a 1020/1935 Kaufvertrag 1935-05-10 Eigentumsrecht
      b 1021/1970 Realteilungsvertrag 1970-02-26 Eigentumsrecht
      c 1021/1970 Namensänderung
      e 728/1996 Geburtsdatum
      f in das HB eingetragen
*****************************************************************************
** B ** übertragen und/oder als Hinweis aufgenommen am  1996-06-10,   728/1996:
   1 ANTEIL: 1/1
     Renat   Erich
     GEB:            ADR: Rabensteinerweg 1   8130
      e in das HB eingetragen
** C **
   1    C-LNR gelöscht
      a 421/1964 Pfandurkunde 1964-06-22
          PFANDRECHT                                   Höchstbetrag 250.000,--
          für Steirische Bauernkasse registrierte
          Genossenschaft mit beschränkter Haftung
      b 377/1971 Löschungsverpflichtung zugunsten
          Raiffeisenkasse Frohnleiten registrierte
          Genossenschaft mit beschränkter Haftung
      c 753/1971 Löschungsverpflichtung zugunsten
          Raiffeisenkasse Frohnleiten registrierte
          Genossenschaft mit beschränkter Haftung
      d 239/1974 Löschungsverpflichtung zugunsten
          Steirische Raiffeisenbank in Graz
          registrierte Genossenschaft mit beschränkter Haftung
      e 727/1977 Löschungsverpflichtung zugunsten
          Steirische Raiffeisenbank in Graz
          registrierte Genossenschaft mit beschränkter Haftung
      f 865/1984 Löschungsverpflichtung zugunsten
          Steirische Raiffeisenbank in Graz
          registrierte Genossenschaft mit beschränkter Haftung
   2    C-LNR gelöscht
      a 377/1971 Pfandurkunde 1971-04-26
          PFANDRECHT                                   Höchstbetrag 180.000,--
          für Raiffeisenkasse Frohnleiten
          registrierte Genossenschaft mit beschränkter Haftung
      b 753/1971 Löschungsverpflichtung zugunsten
          Raiffeisenkasse Frohnleiten registrierte
          Genossenschaft mit beschränkter Haftung
      c 239/1974 VORRANG von LNR 4 vor 2
      d 727/1977 Löschungsverpflichtung zugunsten
          Steirische Raiffeisenbank in Graz
          registrierte Genossenschaft mit beschränkter Haftung
      e 865/1984 Löschungsverpflichtung zugunsten
          Steirische Raiffeisenbank in Graz
          registrierte Genossenschaft mit beschränkter Haftung
   3    C-LNR gelöscht
      a 753/1971 Schuldschein und Pfandurkunde 1971-08-17
          PFANDRECHT                                                 120.000,--
          7,5 % Z, 9,5 % VZ, NGS 24.000,-- für
```

```
        Raiffeisenkasse Frohnleiten
        registrierte Genossenschaft mit beschränkter Haftung
    b 239/1974 Löschungsverpflichtung zugunsten
        Steirische Raiffeisenbank in Graz
        registrierte Genossenschaft mit beschränkter Haftung
    c 727/1977 Löschungsverpflichtung zugunsten
        Steirische Raiffeisenbank in Graz
        registrierte Genossenschaft mit beschränkter Haftung
    d 865/1984 Löschungsverpflichtung zugunsten
        Steirische Raiffeisenbank in Graz
        registrierte Genossenschaft mit beschränkter Haftung
  4   C-LNR gelöscht
    a 239/1974 Pfandurkunde 1974-02-11
        PFANDRECHT                                     Höchstbetrag 390.000,--
        für Steirische Raiffeisenbank in Graz
        registrierte Genossenschaft mit beschränkter Haftung
    b 239/1974 VORRANG von LNR 4 vor 2
    c 727/1977 Löschungsverpflichtung zugunsten
        Steirische Raiffeisenbank in Graz
        registrierte Genossenschaft mit beschränkter Haftung
    d 865/1984 Löschungsverpflichtung zugunsten
        Steirische Raiffeisenbank in Graz
        registrierte Genossenschaft mit beschränkter Haftung
  5   C-LNR gelöscht
    a 727/1977 Pfandurkunde 1977-06-03
        PFANDRECHT                                     Höchstbetrag 195.000,--
        für Steirische Raiffeisenbank in Graz
        registrierte Genossenschaft mit beschränkter Haftung
    b 865/1984 Löschungsverpflichtung zugunsten
        Steirische Raiffeisenbank in Graz
        registrierte Genossenschaft mit beschränkter Haftung
  6   C-LNR gelöscht
    a 865/1984 Pfandurkunde 1983-12-09
        PFANDRECHT                                     Höchstbetrag 300.000,--
        für Steirische Raiffeisenbank in Graz
        registrierte Genossenschaft mit beschränkter Haftung
****************************************************************************
** A ** übertragen und/oder als Hinweis aufgenommen am  1994-12-23,  1543/1994:
   1  a 197/1989 Enteignung bezüglich Gst 388/1
****************************************************************************
** A ** übertragen und/oder als Hinweis aufgenommen am  1993-12-17,  1423/1993:
   2  a 1232/1993 Abschreibung Teilfläche(n) Gst 388/1 388/7 nach VZ I öffentl
        Gut EZ 50000, Einbeziehung in Gst 469/1 467/3
****************************************************************************
** A ** übertragen und/oder als Hinweis aufgenommen am  1993-12-06,  1232/1993:
   2  a in das HB eingetragen
****************************************************************************
** A ** übertragen und/oder als Hinweis aufgenommen am  1989-02-06,   197/1989:
   1  a in das HB eingetragen
```

Die **Urkundensammlung** bildet einen Bestandteil des Grundbuches und ist ebenso wie das Hauptbuch (Grundstücksdatenbank) **öffentlich.**

In die Urkundensammlung werden alle Urkunden, die die Grundlage einer bücherlichen Eintragung bilden, im Original oder in Abschrift aufgenommen. Beigebrachte Abschriften für die Urkundensammlung werden von Amts wegen, gebührenfrei beglaubigt. Über Antrag wird eine Abschrift aus der Urkundensammlung gegen Einhebung einer Gebühr hergestellt. Liegt dem Grundbuchsantrag eine Abschrift bei, wird die Originalurkunde dem Einschreiter zurückgestellt. Liegt keine oder keine brauchbare Abschrift vor, wird die Originalurkunde in die Urkundensammlung aufgenommen und die Partei hievon mit dem Hinweis verständigt, dass die Originalurkunde gegen Beibringung einer Abschrift bis zum 31. Mai des folgenden Jahres ausgefolgt werden kann. Die Urkunden werden jahrgangsweise zu Büchern gebunden; nach dem Binden ist die Ausfolgung einer Urkunde nicht mehr möglich. Es können jedoch Abschriften aus der Urkundensammlung hergestellt werden.

Im Laufe des Jahres 2006 werden die Urkundensammlungen aller Grundbuchsgerichte in Entsprechung der Verordnung des Bundesministeriums für Justiz (BGBl II 2006/23) auf elektronische Form umgestellt. Ab Umstellung eines Gerichtes werden die vorgelegten Grundbuchsurkunden elektronisch erfasst und in eine für jedermann abfragbare elektronische Urkundensammlung gestellt. Diese Erfassung erfolgt entweder durch Scannen beim Grundbuchsgericht oder durch Übernahme einer bereits gescannten Urkunde aus einem Urkundenarchiv einer Körperschaft öffentlichen Rechts (zB Notariatsarchiv).

2. KATASTER

Der Kataster wird von den Vermessungsämtern geführt und stellt alle Grundstücke des Bundesgebietes dar. Man unterscheidet den Grundsteuerkataster (Darstellung der Naturgrenzen) vom Grenzkataster (verbindlicher Nachweis der Grenzen).

Der Kataster besteht unter anderem aus der Katastralmappe und dem Grundstücksverzeichnis.

Die **Katastralmappe** dient der Lagebestimmung der Grundstücke. Sie ist ebenfalls auf automationsunterstützte Datenverarbeitung umgestellt. Diese digitale Katastermappe (DKM) ist bereits über das Internet abfragbar.

Für das Grundbuch sind folgende Begriffe von Bedeutung:

3. KATASTRALGEMEINDE

Dies ist ein Teil der Erdoberfläche, der im Grundsteuer- oder Grenzkataster als solcher mit einem eigenen Namen versehen ist. Die Katastralgemeinde (KG) ist neben einem Namen auch mit einer fünfstelligen Zahl versehen (zB KG 63001 Adriach). Die ersten drei Stellen dieser Nummer stellen die Nummer des betreffenden Bezirksgerichtes dar (hier: bg630 = Bezirksgericht Frohnleiten). Die Nummer des Gerichtes ist für eine Vielzahl von Abfragen sowohl im Grundbuch als auch in der Verfahrensautomation Justiz (Exekution, Zivil, Außerstreit, Firmenbuch,...) erforderlich.

Als Katastralgemeinde bezeichnet man einen Teil der Ortsgemeinde, der seit historischer Zeit mit einem eigenen Namen versehen ist, ähnlich wie in größeren Orten die Bezeichnung von Bezirken. Es gibt keine Norm für die Größe einer Katastralgemeinde.

4. GRUNDSTÜCK

Dies ist ein Teil einer Katastralgemeinde, welcher im Grundsteuer- bzw Grenzkataster als solcher mit einer eigenen Nummer bezeichnet ist. Diese Bezeichnung erfolgt grundsätzlich durch fortlaufende Zahlen. Wird ein Grundstück in der Folge geteilt, so ergänzt man die Grundstücksnummer durch einen Schrägstrich und eine entsprechende Teilungszahl.

(zB:	**GstNr vor der Teilung**	**26**
	GstNr nach der Teilung	**26/1 26/2 26/3 ...)**

Ein Grundstück wird vom Vermessungsamt im Kataster erst eingetragen, wenn ein entsprechender Beschluss des Grundbuchsgerichtes vorliegt.

Der nach Katastralgemeinden angelegte Kataster dient außerdem zur Ersichtlichmachung der Benützungsarten, Flächenausmaße und sonstiger Angaben zur leichteren Kenntlichmachung der Grundstücke. Durch die Verknüpfung des Katasters mit dem Grundbuch sind im ADV-Grundbuch diese Angaben auch in der Grundbuchsabschrift enthalten.

5. GRUNDBUCHSEINLAGE

In jeder Katastralgemeinde werden für die Grundbuchskörper so genannte **Grundbuchseinlagen** eröffnet, die fortlaufend, jeweils mit „**1**" beginnend nummeriert sind und der Identifizierung dieser Grundbuchskörper dienen (Einlagezahl). Ein Grundbuchskörper ist somit die Summe aller Grundstücke, die sich in einer Grundbuchseinlage befinden. Grundbuchseinlagen sind bestimmt zur Eintragung der Grundbuchskörper und ihrer Änderungen und der sich auf den Grundbuchskörper beziehenden Rechte und deren Änderungen.

Grundbuchskörper können für ein oder mehrere Grundstücke gebildet werden, die die gleichen Eigentums- und Belastungsverhältnisse aufweisen müssen. Ein eigener Grundbuchskörper wird auch für ein Baurecht (das Recht, auf einem fremden Grund ein Bauwerk zu errichten) oder eine Kellereintragung (das Recht, unter einem fremden Grund einen Keller zu errichten) gebildet. Eine Baurechtseinlage oder eine Kellereinlage weist allerdings keine Grundstücke auf.

Eine Grundbuchseinlage ist eine grundbuchsrechtliche Einheit, die einem oder mehreren Eigentümern zugeordnet wird.

Bestandteile einer Grundbuchseinlage

Eine Grundbuchseinlage besteht aus:

- Aufschrift
- Gutsbestandsblatt (A-Blatt)

- Eigentumsblatt (B-Blatt) und
- Lastenblatt (C-Blatt)

Die Aufschrift

In der **Aufschrift** einer Grundbuchseinlage sind enthalten

- die Katastralgemeinde und deren Nummer
- die Einlagezahl
- der Gerichtsbezirk
- das Abfragedatum
- die letzte Tagebuchzahl (letzte TZ); bis zur letzten TZ ist der gute Glaube geschützt
- eine eventuell vorhandene Plombe
- eine eventuell vorhandene vorläufige Plombe (durch eine Plombe wird der gute Glaube gestört, dh es ist ein noch nicht erledigtes Grundbuchsgesuch anhängig, eine Nachfrage ist erforderlich)
- eine allfällige Bezeichnung der Liegenschaft (Hausname, Vulgoname)
- eventuell vorhandene Hinweise, wie Wohnungseigentum, Baurecht, Kellereinlage, agrarische Liegenschaft usw
- ein Hinweis darauf, ob die Grundbuchsabschrift die gesamte Liegenschaft oder nur Teile davon wiedergibt
- ein eventueller Hinweis darauf, ob die Liegenschaft materiell geteilt ist (Stockwerkseigentum).

Das Gutsbestandsblatt

In der Ersten Abteilung des Gutsbestandsblattes **(A1-Blatt)** sind enthalten

- der Grundbuchskörper, das sind jene Grundstücke, die in dieser Liegenschaft vorkommen
- die Bezeichnung ob das Grundstück im Grenzkataster eingetragen ist („G" zwischen GST-NR und NUTZUNG; der „*" nach BA (NUTZUNG) bedeutet, dass die Fläche des Grundstückes auf Grund von numerischen Angaben (Koordinaten, Maßzahlen) berechnet wurde)
- die Benützungsart (NUTZUNG)
- das Flächenausmaß jedes Grundstückes und die Gesamtfläche der Liegenschaft; ist beim Vermessungsamt ein Plan zur Änderung der Fläche anhängig, so ist die Fläche in Klammer gesetzt und der Hinweis „Änderung der Fläche in Vorbereitung" eingetragen
- eine eventuell vorhandene Grundstücksadresse (nicht zu verwechseln mit der Wohnadresse des Eigentümers).

Diese Angaben werden vom Grundbuch automatisch aus dem Kataster übernommen, das Grundbuch ist lediglich für die Neuaufstellung und Löschung sowie die Ab- und Zuschreibung von Grundstücken oder Teilen davon verantwortlich. Vom Grundbuch werden auch anstelle der Grundstücke, das Baurecht oder die Kellereigenschaft als Grundbuchskörper eingetragen.

Die Zweite Abteilung des Gutsbestandsblattes **(A2-Blatt)** enthält

- alle Änderungen im Umfang des Grundbuchskörpers (Ab- und Zuschreibungen)
- Dienstbarkeiten in herrschender Stellung, die mit der Liegenschaft verbunden sind (Rechte)
- Maschineneigentum § 297 ABGB (wenn auf der Liegenschaft befindliche Einrichtungen nicht Zubehör dieser Liegenschaft sind, zB Tankstelleneinrichtungen)
- Abtretung der Hauptmietzinse
- Enteignungsverfahren
- öffentlich-rechtliche Beschränkungen (nach den Bauordnungen, Luftfahrtgesetz etc)
- Aufforderungsverfahren gem § 4 LiegTeilG
- den Verwalter einer Liegenschaft nach dem Wohnungseigentumsgesetz
- Anmerkungen wie Naturschutz, Naturdenkmal, Gefährdungsbereich eines Munitionslagers, Sicherheitszone in der Nähe von Flughäfen.

Das Eigentumsblatt

Im **Eigentumsblatt** wird der Name der oder des Liegenschaftseigentümer/s, die Größe des Anteiles als Bruchzahl, bei natürlichen Personen das Geburtsdatum, die Wohnadresse samt Postleitzahl, bei juristischen Personen die Firmenbuchnummer und der Sitz des Unternehmens sowie der Erwerbstitel des Liegenschaftseigentümers eingetragen. Hier werden auch alle Tatsachen eingetragen, die den Eigentümer in seiner Verfügungsberechtigung über die Liegenschaft einschränken (Minderjährigkeit, Konkurs, Ausgleich, Privatschuldenregulierung, Sachwalterschaft, fideikommissarische Substitution, Wohnungseigentum, Gütergemeinschaft usw).

Das Lastenblatt

Hier werden alle die Liegenschaft belastenden Rechte eingetragen (Pfandrechte, Dienstbarkeiten, Reallasten, Wiederkaufsrechte, Vorkaufsrechte, Bestandrechte, Baurecht, Belastungs- und Veräußerungsverbot). Es werden aber auch Eintragungen vollzogen, die ich auf bereits eingetragene Rechte (Afterpfandrecht, Vorrang, Löschungsverpflich-ng, Simultanhaftung, Bedingungen usw) oder auf die Verwertung der Liegenschaft (. /angsverwaltung, Zwangsversteigerung) beziehen.

Ordnung der Eintragungen

Die Grundbuchseintragungen in den einzelnen Blättern werden nach Nummern (LNR = laufende Nummer) und innerhalb dieser Nummern nach Kleinbuchstaben geordnet. Jeder laufenden Nummer ist zumindest ein Kleinbuchstabe zugeordnet (zB B-LNR 3a).

6. TAGEBUCH/TAGEBUCHZAHL/PLOMBE

Das Tagebuch ist ein Register des Grundbuchsgerichtes, in welches jeder Grundbuchsantrag eingetragen wird. Aus diesem Register ergibt sich auch die Geschäftszahl des Antrages, die so genannte TAGEBUCHZAHL. Die Tagebuchzahl setzt sich aus einer fortlaufenden Nummer, einem Schrägstrich und der Jahreszahl bzw den letzten beiden Stellen eines Jahres zusammen.

zB 2315/2006 bzw 2315/06

Die Tagebuchzahl eines laufenden, noch nicht erledigten Grundbuchsverfahrens bezeichnet man als PLOMBE. Eine Plombe oder vorläufige Plombe (für den Betrachter ergibt sich kein Unterschied) ist in der Aufschrift einer Grundbuchseinlage ersichtlich und soll darauf hinweisen, dass der angegebene Grundbuchsstand nicht aktuell ist, und möglicherweise nach Abarbeitung dieser Plombe einen anderen Inhalt aufweisen kann.

Eine kurze Beschreibung des Antrages ist im Tagebuch wiedergegeben und kann auch abgefragt werden.

Abfrage der Plombe **bg630 TZ 1704/2006**

```
BEZIRKSGERICHT Frohnleiten                        TAGEBUCH FÜR GRUNDBUCHSSTÜCKE
höchste TZ 1811 ******************************************************* 2006-08-06
  TZ  1704/2006-07-27     Einschreiter: Mag. Wagner u.a.
  GB 63238 Judendorf-Straßengel
                               EZ 169    Abschreibung
                                         Eigentumsrecht (Kauf)
**************************** 2006-08-06 09:06,32383 BG ********** ZEILEN:     7
```

Hier handelt es sich um einen Grundbuchsantrag, der noch nicht erledigt ist. Der Vollzug der Eintragung hat noch nicht stattgefunden.

Abfrage der Tagebuchzahl **bg630 TZ 533/2005**

```
BEZIRKSGERICHT Frohnleiten                        TAGEBUCH FÜR GRUNDBUCHSSTÜCKE
höchste TZ 1965 ******************************************************* 2005-08-18
* TZ   533/2005-03-08     Einschreiter: Bausparkasse Wüstenrot AG.
* GB 63023 Rothleiten           EZ 79    Pfandrecht EUR 30.000,--
*                                        sonstige Eintragung    vollz.2005-03-29
**************************** 2005-08-18 20:49,13854 BG ********** ZEILEN:     6
```

Dieser Grundbuchsantrag ist bereits erledigt und der Vollzug der Eintragung hat am 29.3.2005 stattgefunden (das Vollzugsdatum ist angeführt und jede Zeile ist am Beginn mit einem * gekennzeichnet).

Abfrage mehrerer Tagebuchzahlen

```
BEZIRKSGERICHT Frohnleiten                        TAGEBUCH FÜR GRUNDBUCHSSTÜCKE
höchste TZ 1972 **************************************************** 2005-08-20
  TZ  1850/2005-08-04      Einschreiter: Unterweger u.a.
  GB 63216 Forstviertel        EZ 196    Abschreibung
                                         Eigentumsrecht (Kauf)
                               EZ 297    Eigentumsrecht (Kauf)
*******************************************************************************
* TZ  1851/2005-08-04      Einschreiter: Unterweger u.a.
*******************************************************************************
  TZ  1852/2005-08-04      Einschreiter: Unterweger u.a.
  GB 63216 Forstviertel        EZ 297    Löschung (Pfandrecht) EUR 153.400,--
                                         sonstige Eintragung
*******************************************************************************
  TZ  1853/2005-08-04      Einschreiter: Bausparkasse d. Sparkassen AG.
  GB 63243 Kirchenviertel      EZ 1240   Pfandrecht EUR 153.000,--
                                         sonstige Eintragung
*******************************************************************************
* TZ  1854/2005-08-05      Einschreiter: EA
* GB 63022 Rechberg            EZ 176    Eigentumsrecht
*                                        Löschung (Pfandrecht)
*                                        sonstige Löschung       vollz.2005-08-05
* 3 E 1098/04h
*******************************************************************************
  TZ  1855/2005-08-05      Einschreiter: Christandl
  GB 63025 Schönegg            EZ 282    Löschung (Pfandrecht)
                                         sonstige Löschung
*******************************************************************************
  TZ  1856/2005-08-05      Einschreiter: BAWAG.
  GB 63223 Gratwein            EZ 1643   Löschung (Pfandrecht) EUR 180.000,--
*******************************************************************************
  TZ  1857/2005-08-05      Einschreiter: LGZ. Graz
  GB 63273 St. Bartholomä      EZ 134    sonstige Eintragung
  26 S 86/05z
*******************************************************************************
  TZ  1858/2005-08-05      Einschreiter: Linhofer
  GB 63025 Schönegg            EZ 56     Löschung (Pfandrecht)
                               EZ 316    Löschung (Pfandrecht)
  3 E 54/05f
*******************************************************************************
  TZ  1859/2005-08-05      Einschreiter: Linhofer
  GB 63025 Schönegg            EZ 316    Löschung (Pfandrecht)
  3 E 255/05i
**************************** 2005-08-20 16:11,30269 BG ********** ZEILEN:   43
```

7. GRUNDSÄTZE

Das Grundbuch wird nach bestimmten Regeln (Grundsätzen oder Prinzipien) geführt, die im Grundbuchsgesetz, im Grundbuchsanlegungsgesetz und Grundbuchsumstellungsgesetz normiert sind, aber auch in anderen Gesetzen angeführt sein können.

Öffentlichkeitsgrundsatz (Publizitätsprinzip)

Das Grundbuch ist öffentlich, dh dass jeder ohne Angabe von Gründen in das Grundbuch, auch durch Herstellung von Abschriften aus dem Grundbuch und den Hilfsverzeichnissen, Einsicht nehmen kann. Diese Öffentlichkeit bezieht sich auch auf die gelöschten Eintragungen. Eine gewisse Einschränkung dieses Grundsatzes besteht lediglich bei der Einsichtnahme in das Personenverzeichnis. Einsicht in das Personenverzeichnis wird nur dem Eigentümer selbst, einem von ihm Bevollmächtigten oder demjenigen gewährt, der ein rechtliches Interesse an der Erteilung der Auskunft behauptet. Die Einsicht selbst kann bei Gericht oder einem Notar erfolgen.

Eine Ausnahme besteht für Notare, die bei ihrer Tätigkeit als Gerichtskommissäre im Verlassenschaftsverfahren berechtigt sind, in das Personenverzeichnis Einsicht zu nehmen.

Die Einsicht in das Grundbuch bzw der Antrag auf Erstellung einer Grundbuchsabschrift kann bei jedem Bezirksgericht für das ganze Bundesgebiet gestellt werden. Diese Möglichkeit ist auch für die Abfrage über das Internet gegeben.

Vertrauensgrundsatz

Dieser Grundsatz beinhaltet den Schutz des guten Glaubens, dh jeder der gutgläubig ist, kann annehmen, dass die Eintragungen im Grundbuch vollständig und richtig sind. Er muss aber auch alle Eintragungen im Grundbuch gegen sich gelten lassen, und kann sich nicht darauf berufen, von einer Eintragung nichts gewusst zu haben.

Eintragungsgrundsatz (Intabulationsprinzip)

Der Eintragungsgrundsatz bedeutet, dass Rechte am unbeweglichen Vermögen nur durch die Eintragung in das Grundbuch erworben, beschränkt, übertragen oder aufgehoben werden können. Die Eintragung ersetzt also die körperliche Übergabe (zB des Kaufgegenstandes oder Pfandes). So ist man mit der Unterfertigung des Kaufvertrages noch nicht Eigentümer (auch nicht außerbücherlicher) einer Liegenschaft, sondern man hat lediglich einen Anspruch gegen den Verkäufer auf Verbücherung des Kaufvertrages.

Ausnahmen von dieser Regel sind beim Erwerb des Eigentumsrechtes die **„4 E"**

- im Erbfall die Rechtskraft des Beschlusses über die **E**inantwortung
- im Zwangsversteigerungsverfahren die rechtskräftige **E**rteilung des Zuschlages
- bei der **E**rsitzung der Ablauf der Zeit und
- bei der **E**nteignung der Erlag der Entschädigungssumme.

In diesen vier Fällen wird das außerbücherliche Eigentum erworben.

Antragsgrundsatz

Grundsätzlich werden Eintragungen im Grundbuch nur auf Ansuchen von Parteien oder Behörden durchgeführt. So wird ein Pfandrecht aus dem Grundbuch nur gelöscht, wenn darum angesucht wird. Ausnahmen von diesem Grundsatz sind in verschiedenen gesetzlichen Vorschriften geregelt bzw kommen anlässlich der Wartung des Grundbuches (zB Löschung einer gegenstandslosen oder unzulässigen Eintragung) vor.

Ranggrundsatz (Prioritätsprinzip)

Rang einer Eintragung

Die Rangordnung einer Eintragung richtet sich nach dem Zeitpunkt des Einlangens der Eingabe beim Grundbuchsgericht. Eintragungen, die infolge gleichzeitig eingelangter Eingaben vorgenommen worden sind, stehen untereinander in gleicher Rangordnung. Auf diese Tatsache wird am Antrag und im Grundbuch hingewiesen. Ausnahmen sind durch verschiedene gesetzliche Bestimmungen gegeben (zB Tag der Eröffnung des Konkurses, Einleitung des Verfahrens zur Bestellung eines Sachwalters).

Der Zeitpunkt des Einlangens bei Gericht wird in der Einlaufstelle festgestellt. Grundbuchseingaben sind daher auf der ersten Seite auffällig als Grundbuchssache zu kennzeichnen.

Anmerkung der Rangordnung

Der Eigentümer einer Liegenschaft kann beantragen, einen Rang für die beabsichtigte Eintragung zu begründen. Es sind folgende Rangordnungen möglich:

- Rangordnung für die **beabsichtigte Veräußerung**,
  a) hinsichtlich der gesamten Liegenschaft oder von Liegenschaftsanteilen (wird im B-Blatt eingetragen)
  b) hinsichtlich eines oder mehrerer Grundstücke (wird im A2-Blatt eingetragen)
- Rangordnung für die **beabsichtigte Verpfändung**,
- Rangordnung für die **beabsichtigte Abtretung einer Forderung**,
- Rangordnung für die **beabsichtigte Löschung einer Forderung**,
- Rangordnung für die **beabsichtigte Einräumung von Wohnungseigentum**.

Eine Anmerkung der Rangordnung wird jedoch nur bewilligt, wenn auch die Eintragung des entsprechenden Rechtes möglich wäre. Die Dauer einer solchen Rangordnung ist auf höchstens ein Jahr beschränkt (Ausnahme: Zusage der Einräumung von Wohnungseigentum). Die Frist erlischt mit dem Ablauf des Kalendertages, der im Rangordnungsbeschluss angegeben ist und kann nicht verlängert werden. Eine Rangordnung kann auch zugunsten einer bestimmten Person eingetragen werden. Vom Beschluss über die Bewilligung der Anmerkung einer Rangordnung wird nur eine einzige Ausfertigung hergestellt. Beim Ansuchen um Eintragung des entsprechenden Rechtes im Rang einer Rangordnung, ist diese Ausfertigung des Rangordnungsbeschlusses vorzulegen. Außerdem muss ausdrücklich um die Eintragung im Rang angesucht werden. Die lediglich Vorlage des Beschlusses hat nicht die Eintragung im Rang zur Folge. Wird die Eintragung im Rang bewilligt, so können im Fall der Veräußerung, der Abtretung der Forderung oder der Löschung eines Pfandrechtes alle Zwischeneintragungen über Antrag gelöscht werden, die zwischen dem Zeitpunkt der Anmerkung der Rangordnung und der Eintragung des Rechtes im Rang der Anmerkung, eingetragen wurden. Dieser Antrag kann gleichzeitig mit der Eintragung des Rechtes oder bis spätestens 14 Tage nach Rechtskraft des die Eintragung bewilligenden Beschlusses gestellt werden. Wird diese Frist versäumt, so behalten die Zwischeneintragungen ihre Wirksamkeit. Das heißt, der Erwerber muss sie gegen sich gelten lassen. Bei der Eintragung eines Pfandrechtes im Rang der beabsichtigten Verpfändung erhält dieses Pfandrecht den Rang der Anmerkung. Allfällige nachfolgende Pfandrechte werden nicht gelöscht, sie erhalten nur den schlechteren Rang.

Besonderheiten bei Rangordnungsgesuchen:

- Antragsteller muss der Liegenschaftseigentümer sein
- Unterschrift des Antragstellers muss auf dem Gesuch beglaubigt sein
- Es gibt nur eine Beschlussausfertigung
- Rang gilt nur ein Jahr

Spezialitätsprinzip

Im Grundbuch können nur dingliche Rechte und Lasten (Eigentumsrecht, Baurecht, Pfandrecht, Dienstbarkeiten und Reallasten) und das Vorkaufs-, Wiederkaufs- sowie das Bestandrecht und das Belastungs- und Veräußerungsverbot eingetragen werden.

8. EINTRAGUNGSARTEN

Im ADV-Grundbuch werden die Eintragungsarten gemäß dem Grundbuchsumstellungsgesetz mit Ausnahme der Vormerkung nicht angeführt. Ob die Eintragungsarten im Grundbuchsgesuch angeführt werden müssen, ist in der Rechtsprechung strittig.

Die grundbücherlichen Eintragungsarten sind:

(1) Einverleibung

Die Einverleibung ist der unbedingte Rechtserwerb oder die Löschung, welcher die Erwerbung, Übertragung, Beschränkung oder Erlöschung bücherlicher Rechte bewirkt. Zur Einverleibung müssen alle Voraussetzungen erfüllt sein, die zur Bewilligung einer grundbücherlichen Eintragung erforderlich sind.

(2) Vormerkung

Die Vormerkung (Pränotation) ist der bedingte Rechtserwerb oder die Löschung, welcher die Erwerbung, Übertragung, Beschränkung oder Erlöschung bücherlicher Rechte bewirkt. Hier liegen bezüglich der vorgelegten Grundbuchsurkunden noch nicht alle Voraussetzungen vor, die zur Einverleibung erforderlich sind. Die Vormerkung ist bei Fehlen der Unbedenklichkeitsbescheinigung des Finanzamtes möglich. Die Eintragung erfolgt unter der Bedingung der nachfolgenden Rechtfertigung (Nachweis der Erfüllung der Bedingung). Eine Vormerkung und Rechtfertigung ist auch auf Grund bestimmter öffentlicher Urkunden möglich.

Weitere Eintragungen können sowohl gegen einen vorgemerkten als auch gegen einen einverleibten Eigentümer bewirkt werden. Eintragungen gegen den vorgemerkten Eigentümer erfolgen jedoch unter der Voraussetzung, dass die Rechtfertigung der Vormerkung erfolgt. Ist die Rechtfertigung nicht möglich, so sind auch diese Eintragungen gleichzeitig mit der Löschung der Vormerkung von Amts wegen zu löschen. Erfolgt die Rechtfertigung der vorgemerkten Eintragung, so sind etwaige Eintragungen, die zwischen Vormerkung und Rechtfertigung gegen den einverleibten Eigentümer eingetragen wurden, mit der Rechtfertigung von Amts wegen zu löschen.

Muss die Rechtfertigung im Prozessweg geschehen, ist die Klage binnen 14 Tagen nach Zustellung des Vormerkungsbeschlusses einzubringen. Die Frist zur Erhebung der Rechtfertigungsklage wird im Vormerkungsbeschluss angegeben, sie kann aus erheblichen Gründen verlängert werden.

(3) Anmerkung

Anmerkungen dienen

- zur Ersichtlichmachung von persönlichen Verhältnissen, die bestimmte Rechtsverhältnisse zur Folge haben (zB die Anmerkung der Minderjährigkeit, der Sachwalterschaft, der Eröffnung des Konkurses usw),
- zur Begründung bestimmter Rechtswirkungen (zB der Rangordnung, der Abschreibung, der Streitanhängigkeit, der Simultanhaftung, der Zwangsverwaltung, der Zwangsversteigerung, der Erteilung des Zuschlages usw).

(4) Ersichtlichmachung

Hier werden verschiedene Tatbestände zum Ausdruck gebracht wie zB Eintragungen nach der Bauordnung, Dienstbarkeiten in herrschender Stellung, Enteignungen, Maschineneigentum, Assanierungsgebiet, Bauwerk, Naturschutzgebiet, Denkmalschutz usw.

(5) Ab- und Zuschreibung von Grundstücken und Grundstücksteilen

Diese haben dieselbe Wirkung wie Einverleibungen und werden im A2-Blatt eingetragen.

(6) Löschungen

Hier handelt es sich um die Löschung von Anmerkungen, Ersichtlichmachungen und gegenstandslosen Eintragungen.

Kredit oder die Haftung reichen soll. Hier steht die Höhe der Forderung von Anfang an noch nicht fest, sie muss jedoch im Rahmen des vereinbarten Höchstbetrages liegen. Dieser Höchstbetrag ist in der Urkunde anzugeben, fehlt er hier, so kann diese Angabe auch noch im Grundbuchsgesuch erfolgen.

Singularpfandrecht

Das Pfandrecht zugunsten einer Forderung wird auf **einer** Liegenschaft oder auf **einem** Miteigentumsanteil eingetragen.

Simultanpfandrecht

Hier werden für **eine** Forderung mehrere Liegenschaften verpfändet. Bei Simultanpfandrechten wird eine Liegenschaft als Haupteinlage bezeichnet, hier werden alle das Pfandrecht betreffende weiteren Eintragungen vorgenommen. Die weiteren Liegenschaften erhalten die Bezeichnung Nebeneinlage, wobei in allen Einlagen eine gegenseitige Verweisung stattfindet. Die Eintragungsgebühr bei Simultanpfandrechten ist nur einmal zu entrichten, wenn gleichzeitig um die Verbücherung angesucht wird.

Ersatzpfandrecht

Wenn ein Gläubiger im Zwangsversteigerungsverfahren bei Simultanpfandrechten nicht alle Liegenschaften, die verpfändet sind, versteigern lässt und ein nachfolgender Gläubiger daher nicht voll befriedigt wird, kann er in jenen Liegenschaften, die nicht versteigert wurden, die Eintragung eines Ersatzpfandrechtes im Rang der Pfandrechte des Antragstellers bis zu dem Betrag verlangen, den er erhalten hätte, wenn alle Liegenschaften versteigert worden wären. Dieser Antrag auf Eintragung einer Ersatzhypothek ist bei der Meistbotsverteilungstagsatzung zu stellen.

Eigentümerpfandrecht

Ein Eigentümerpfandrecht liegt vor, wenn der Eigentümer einer Liegenschaft gleichzeitig Pfandgläubiger ist oder wird (zB durch Kauf der belasteten Liegenschaft oder durch Zession).

Afterpfandrecht

An einer eingetragenen Forderung kann wiederum ein Pfandrecht begründet werden. Dieses Pfandrecht haftet nicht an der Liegenschaft, sondern an dem eingetragenen Pfandrecht. Dies kommt manchmal bei der Sicherstellung von Steuerschulden vor. Es hat zur Wirkung, dass die Tilgung der Schuld nicht mehr an den ursprünglichen Pfandgläubiger sondern an den Afterpfandgläubiger zu erfolgen hat. Dieser tritt unter bestimmten Voraussetzungen in die Rechte des Gläubigers ein.

Fremdwährungspfandrecht

Bis zum 31.12.1998 konnten Pfandrechte nur in Schilling-Währung eingetragen werden. In der Zeit vom 1.1.1999 bis zum 31.12.2001 war es auch möglich Pfandrechte in Währungen von Staaten einzutragen, die der Europäischen Union oder dem Europäischen Wirtschaftsraum angehörten. Seit 1.1.2002 können Pfandrechte nur mehr in Euro-Währung eingetragen werden. Sämtliche Pfandrechte, die ohne Währungsbezeichnung eingetragen sind, lauten auf Schilling. Bei Eintragungen von Währungen, die nicht auf Schilling lauten, ist die Währungsbezeichnung im Grundbuch angeführt.

Wertgesicherte Pfandrechte

Bis 1.1.1999 konnte eine vereinbarte Wertsicherung bei Pfandrechten im Grundbuch nicht eingetragen werden. Mit dem 1. Euro-Justiz-Begleitgesetz, BGBl I 1998/125, wurde die Verordnung über wertbeständige Rechte vom 16.1.1940 RGBl I 1521 jedoch aufgehoben. Grundsätzlich könnten daher nunmehr wertgesicherte Pfandrechte eingetragen werden. Da jedoch gem. § 14 (1) GBG das Pfandrecht nur für eine ziffernmäßig bestimmte Forderung eingetragen werden kann, ist die Eintragung von wertgesicherten Pfandrechten auch weiterhin **nicht** möglich.

3. DIENSTBARKEIT

Dienstbarkeiten (=Servituten) sind die Belastung eines Grundstückes zugunsten eines anderen Grundstückes oder einer Person, etwas zu dulden oder zu unterlassen. Der Inhalt und Umfang des Rechtes muss möglichst genau angegeben werden. Dienstbarkeiten belasten grundsätzlich den gesamten Grundbuchskörper (auch die Dienstbarkeit der Wohnung). Bei der Abschreibung von Teilen des Grundbuchskörpers muss die Dienstbarkeit mit übertragen werden, sofern nicht eine Freilassungserklärung vorliegt. Wenn Dienstbarkeiten auf bestimmte räumliche Grenzen beschränkt sind, müssen diese genau beschrieben oder bezeichnet sein. In diesem Fall kann eine Abschreibung von Teilen, die von der Dienstbarkeit nicht betroffen sind, auch ohne Vorlage von Abtrennungsbewilligungen erfolgen.

Es gibt folgende Arten von Dienstbarkeiten:

- **Grunddienstbarkeiten**, hier ist zu unterscheiden:
  - **Regelmäßige Dienstbarkeiten**, bei denen es ein dienendes und ein herrschendes Gut gibt. Diese Dienstbarkeit wird bei der dienenden Liegenschaft als Last im Lastenblatt einverleibt und bei der herrschenden Liegenschaft als Recht im Gutsbestandsblatt ersichtlich gemacht.
  - **Unregelmäßige Dienstbarkeiten,** bei denen es auch eine dienende Liegenschaft gibt, die Dienstbarkeit ist jedoch als Last zugunsten einer bestimmten Person einverleibt. Die begünstigte Person kann sich allerdings ändern, ohne dass die Dienstbarkeit erlischt (zB bei elektrischen Leitungen zugunsten einer Elektrizitätsgesellschaft).
- **Persönliche Dienstbarkeiten**:
  - Fruchtgenussrecht
  - Gebrauchsrecht und
  - Wohnungsrecht.

Gegenstand der Eintragungen

Hier besteht ebenfalls eine dienende Liegenschaft, das Recht steht jedoch nur höchstpersönlich einem Berechtigten zu, erlischt mit dessen Tod und ist nicht übertragbar. Es kann daher unter Vorlage der Sterbeurkunde gelöscht werden.

4. REALLAST

Eine Reallast ist eine Belastung einer Liegenschaft mit der Haftung für Leistungen, die der jeweilige Eigentümer zu erbringen hat. Man unterscheidet zwischen privatrechtlichen Reallasten (zB das Ausgedinge, Reallast nach dem Teilzeitnutzungsgesetz) und öffentlich-rechtlichen Reallasten, die in einem Gesetz gründen (zB Bauordnung).

5. BAURECHT

Das Baurecht ist das Recht zur Errichtung eines Gebäudes (Bauwerkes) auf fremden Grund, für eine bestimmte Zeit, mit Zustimmung des Eigentümers.

Ein Grundstück kann mit dem dinglichen, veräußerlichen und vererblichen Recht, auf oder unter der Bodenfläche ein Bauwerk zu haben, belastet werden (Baurecht). Das Baurecht gilt als unbewegliche Sache und das errichtete Bauwerk ist Zubehör des Baurechtes.

Das Baurecht muss für eine bestimmte Zeit begründet werden, die nicht kürzer als 10 Jahre und nicht länger als 100 Jahre sein darf.

Es entsteht durch die Eintragung im Grundbuch auf Grund eines Vertrages (Baurechtsvertrag). An einem Teil des Grundbuchkörpers (einzelnen Grundstücken) kann ein Baurecht nicht begründet werden. Sind daher in einer Liegenschaft mehrere Grundstücke eingetragen, so muss das Grundstück, auf dem das Baurecht begründet werden soll, von dieser Grundbuchseinlage abgeschrieben und dafür eine neue Einlage eröffnet werden.

Besteht das Entgelt für die Bestellung des Baurechtes in wiederkehrenden Leistungen (Bauzins), so ist die Eintragung des Pfandrechtes zur Sicherung dieses Bauzinses zulässig.

Einem Bauberechtigten kann von den anderen Bauberechtigten auch Wohnungseigentum eingeräumt werden.

Das Baurecht erlischt mit dem Ablauf der vereinbarten Zeit. Soll ein Baurecht vor Zeitablauf gelöscht werden, so tritt die Rechtswirksamkeit in Ansehung von Pfand- und anderen dinglichen Rechten erst mit deren Löschung ein. Diese Beschränkung wird im Grundbuch eingetragen.

Bei Erlöschen des Baurechtes fällt das Bauwerk an den Grundeigentümer. Gesetzliche Pfand- und Vorzugsrechte gehen auf das Grundstück über, sobald das Baurecht erlischt. Dem Bauberechtigten ist jedoch eine Entschädigung zu zahlen. Wenn keine anders lautende Vereinbarung besteht, ist die Entschädigung in der Höhe eines Viertels des Wertes des vorhandenen Bauwerkes zu leisten.

Verfahren im Grundbuch

Das Gesuch um Eintragung eines Baurechtes wird im Grundbuch in der Liegenschaft, in der das Grundstück liegt, auf dem das Baurecht begründet werden soll, im C-Blatt angemerkt. Da dem Baurecht Pfandrechte im Range nicht vorgehen dürfen, werden alle Organe, die zur Vorschreibung und Eintreibung der von der Liegenschaft zu entrichtenden Steuern, Zuschläge, Gebühren und sonstigen Abgaben berufen sind, aufgefordert, ihre Ansprüche binnen 14 Tagen bei Gericht anzumelden. Erfolgt keine Anmeldung, wird angenommen, dass keine solchen Ansprüche bestehen, bzw würden sie dem Baurecht im Range nachgehen. Erfolgt eine Anmeldung, wird der Gesuchsteller hiervon verständigt, und muss binnen 60 Tagen nach der Verständigung nachweisen, dass er diese Ansprüche berichtigt hat. Weist er dies nicht nach, wird die Anmerkung um Eintragung des Baurechtes von Amts wegen gelöscht.

Erfolgt keine Anmeldung oder wird die Berichtigung nachgewiesen, so wird im Range der obigen Eintragung das Baurecht einverleibt.

Gleichzeitig wird für das Baurecht eine neue Einlage eröffnet, in der anstelle eines Grundstückes als Grundbuchskörper das Baurecht eingetragen wird. In den beiden Liegenschaften wird gegenseitig auf das Baurecht verwiesen. Die Liegenschaft mit dem Grundstück wird als **Stammeinlage**, die Liegenschaft mit dem Baurecht als **Baurechtseinlage** bezeichnet.

Alle Eintragungen bezüglich des (der) Bauberechtigten und des Baurechtes erfolgen nunmehr in der Baurechtseinlage.

6. VORKAUFSRECHT

Das **Vorkaufsrecht** schränkt den Eigentümer in der Verfügung über seine Liegenschaft ein. Er kann daher die Sache nicht beliebig veräußern, sondern muss sie dem Vorkaufsberechtigten zu den gleichen Bedingungen anbieten, wie sie ein Dritter bietet. Dieses Anbot hat schriftlich zu erfolgen. Der Berechtigte muss die unbewegliche Sache binnen 30 Tagen nach geschehener Anbietung einlösen. Nach Ablauf dieser Zeit ist das Vorkaufsrecht erloschen. Das Vorkaufsrecht kann nicht an einen Dritten oder auf die Erben des Berechtigten übertragen werden. Erst nachdem der Vorkaufsberechtigte von dem Anbot der Einlösung keinen Gebrauch gemacht hat, kann die Liegenschaft an einen Dritten veräußert werden. Wenn im Vertrag nichts anderes vereinbart wurde, gilt das Vorkaufsrecht nur beim Verkauf der Liegenschaft, nicht jedoch auch bei anderen Arten der Veräußerung (zB Schenkung, Übergabe). Das Vorkaufsrecht erlischt somit nach dem Tod des Berechtigten bzw nach Ablauf einer vereinbarten oder gesetzlichen Frist. Es kann daher durch Vorlage einer Sterbeurkunde gelöscht werden.

7. WIEDERKAUFSRECHT (RÜCKKAUFSRECHT)

Das **Wiederkaufsrecht** ist das Recht, eine verkaufte Liegenschaft bei Eintritt bestimmter Voraussetzungen, welche im Vertrag festgelegt wurden, zurückzukaufen (wenn zB die Bebauung eines Grundstückes in einer bestimmten Zeit vereinbart ist und mit dem Bau innerhalb dieser Frist nicht begonnen wurde).

8. BESTANDRECHT

Bestandrechte können nur auf der ganzen Liegenschaft eingetragen werden. Eine Ausnahme besteht bei Wohnungseigentum, hier kann der Anteil mit dem Wohnungseigentum verbunden ist, belastet werden. Bestandrechte müssen auf eine bestimmte Dauer vereinbart werden, damit sie verbücherungsfähig sind. Man unterscheidet zwischen **Miete**, diese hat den Gebrauch einer Sache zum Gegenstand (zB bei Wohnungen) und **Pacht**, hier kann der Bestandgegenstand auch bearbeitet werden (zB bei landwirtschaftlichen Liegenschaften).

9. BELASTUNGS- UND VERÄUSSERUNGSVERBOT

Eintragungsfähige Belastungs- und Veräußerungsverbote sind auf den im § 364c ABGB angeführten Personenkreis beschränkt (Ehegatten, Eltern, Kinder, Wahl- und Pflegekinder und deren Ehegatten). Auch in verschiedenen gesetzlichen Bestimmungen ist die Eintragung von Belastungs- und Veräußerungsverboten vorgesehen (zB im Wohnbauförderungsgesetz, richterliches Belastungs- und Veräußerungsverbot im Zug eines Scheidungsverfahrens). Belastungs- und Veräußerungsverbote können auch jedes für sich eingetragen werden. Es handelt sich hierbei um das Verbot, das dem Liegenschaftseigentümer auferlegt ist, die Liegenschaft ohne Zustimmung des Berechtigten zu belasten bzw zu veräußern.

10. VORRANG

Durch den Vorrang wird die Rangordnung der auf einer Liegenschaft verbücherten Rechte geändert. Das vortretende Recht nimmt die Stelle des zurücktretenden Rechtes ein und wird im Fall einer Zwangsversteigerung entsprechend berücksichtigt. Wenn das zurücktretende Recht eine Hypothek ist, muss der Liegenschaftseigentümer dem Rangtausch zustimmen.

Es wird unterschieden zwischen:

- **Absoluter Vorrang** (voller Rangtausch) und
- **Relativer Vorrang** (Rangtausch nur hinsichtlich eines Teilbetrages)

```
GRUNDBUCH 63003 Friesach                                EINLAGEZAHL    24
BEZIRKSGERICHT Frohnleiten
besondere Abschrift **************************** * ABFRAGEDATUM  2005-08-09
*********************************** C **********************************
   3  a 782/1992 1123/1999
          WOHNUNGSRECHT gem Abs Achtens 1.) Übergabsvertrag
          1992-04-14 für
          Gertrude Waidacher geb 1932-10-18
      b 1123/1999 VORRANG von LNR 9 vor 3
   4  a 782/1992 1123/1999
          AUSGEDINGE gem Abs Achtens 2.) - 6.) Übergabsvertrag
          1992-04-14 für
          Gertrude Waidacher geb 1932-10-18
      b 1123/1999 VORRANG von LNR 9 vor 4
   5  a 782/1992 1123/1999
          BELASTUNGS- UND VERÄUSSERUNGSVERBOT für
          Gertrude Waidacher geb 1932-10-18
      b 1123/1999 VORRANG von LNR 9 vor 5
   6    auf Anteil B-LNR 3
      a 782/1992
          BELASTUNGS- UND VERÄUSSERUNGSVERBOT für
          Regina Waidacher geb 1966-06-15
      b 1123/1999 VORRANG von LNR 9 vor 6
   7    auf Anteil B-LNR 4
      a 782/1992
          BELASTUNGS- UND VERÄUSSERUNGSVERBOT für
          Gerhard Waidacher geb 1956-10-07
      b 1123/1999 VORRANG von LNR 9 vor 7
   8  a 1206/1992
          DIENSTBARKEIT Duldung, Führung und Betrieb einer
          unterirdischen Wassertransportleitung gem
          Dienstbarkeitsvertrag 1992-08-25 hins Gst 38 41/4 für
          Zentral-Wasserversorgung Hochschwab Süd Gesellschaft m.b.H.
   9  a 1123/1999 Schuldschein und Pfandurkunde 1999-04-11
          PFANDRECHT                                          818.000,--
          6 % Z, 7 % VZ, 7 % ZZ, NGS 163.000,-- für
          Raiffeisenbausparkasse Gesellschaft m.b.H.
      b 1123/1999 VORRANG von LNR 9 vor 3 4 5 6 7
```

D. Eintragungsbeispiele

1. MÖGLICHE EINTRAGUNGEN IN DER AUFSCHRIFT

```
GRUNDBUCH 63005 Gams                                    EINLAGEZAHL     99
BEZIRKSGERICHT Frohnleiten
****************************************************** ABFRAGEDATUM  2006-08-05
Letzte TZ  1794/2006
Vorläufige Plombe 12216/2006
WALCHMÜHLE auch DORNER
************************************** A1 **************************************
```

Katastralgemeinde/Grundbuch, bezeichnet durch Nummer und Name, Einlagezahl, Grundbuchsgericht und Abfragedatum werden immer wiedergegeben.

```
Letzte TZ 1794/2006
```

Die letzte in dieser Einlage durchgeführte Eintragung wurde mit der TZ 1794/2006 durchgeführt.

```
Vorläufige Plombe 12216/2006
```

oder

```
Plombe 12216/2006
```

Es ist ein Grundbuchsantrag mit der TZ 12216/2006 anhängig, der noch nicht erledigt und daher noch nicht im Grundbuch vollzogen ist.

```
WALCHMÜHLE auch DORNER
```

Hier handelt es sich um eine Benennung der Einlage, unter der sie allgemein bekannt ist (Vulgoname). Hier könnte auch stehen: Thomabauer, Rathaus, Burgtheater,...

```
WOHNUNGSEIGENTUM
W = Wohnung
ssR = sonstige selbstständige Räumlichkeit
GR = Geschäftsraum
```

In dieser Einlage ist Wohnungseigentum begründet. In einer Legende sind die verschiedenen Abkürzungen, die im Eigentumsblatt vorkommen, erklärt.

```
WOHNUNGSEIGENTUM IN VORBEREITUNG
```

In dieser Einlage wurde zumindest eine Anmerkung der Zusage zur Einräumung von Wohnungseigentum eingetragen.

VORLÄUFIGES WOHNUNGSEIGENTUM

In dieser Einlage hat der Alleineigentümer die Teilung seines Anteiles bereits durchführen lassen und es ist bei den nunmehrigen Anteilen das vorläufige Wohnungseigentum eingetragen.

BAURECHTSEINLAGE

Hier handelt es sich um eine Baurechtseinlage nach dem Baurechtsgesetz.

KELLEREINTRAGUNG

Hier handelt es sich um einen Keller auf fremdem Grund.

2. MÖGLICHE EINTRAGUNGEN IM A2-BLATT

Abschreibung von Grundstücken

```
3  a 200/2006 Abschreibung Gst 37/3 nach EZ 55
```

Das Grundstück 37/3 wurde von dieser Grundbuchseinlage abgeschrieben und der Grundbuchseinlage EZ 55 zugeschrieben. Diese Abschreibungsanmerkung ist meist nur kurze Zeit in der Einlage ersichtlich, da sie in der Folge in die Historische Einlage übertragen wird, um die Nachvollziehbarkeit zu gewährleisten.

Abschreibung von Grundstücksteilflächen

```
17  a 2/2006 Abschreibung Teilfläche(n) Gst 314/1 nach EZ 33, Einbeziehung in
         Gst 261
```

Eine oder mehrere Teilflächen des Grundstückes 314/1 wurden von dieser Grundbuchseinlage abgeschrieben und der Grundbuchseinlage EZ 33 zugeschrieben. Da eine Teilfläche jedoch selbständig nicht bestehen kann, wurde sie in das Grundstück 261 einbezogen. Diese Abschreibungsanmerkung ist meist nur kurze Zeit in der Einlage ersichtlich, da sie in der Folge in die Historische Einlage übertragen wird, um die Nachvollziehbarkeit zu gewährleisten.

Abtretung der Hauptmietzinse

```
5  a 16/2006 Abtretung der Hauptmietzinse
```

Der Eigentümer eines „Zinshauses" hat die Einkünfte, die er aus den Mieten erzielt, einer Bank abgetreten (zediert), um so die Rückzahlung eines Darlehens zu garantieren.

Abweisung eines Gesuches

```
6  a 26/2006 Abweisung eines Gesuchs um Abschreibung des Gst 414 nach EZ 25
```

Die Anmerkung dieser Abweisung erfolgte zur Wahrung des Ranges (26/2006) für den Fall, dass im Rechtsmittelweg die Abschreibung doch stattfinden sollte.

Abweisung eines Rangordnungsgesuches

```
7  a 16/2006 Abweisung eines Rangordnungsgesuchs bezüglich Gst .245
```

Die Anmerkung dieser Abweisung erfolgte zur Wahrung des Ranges (16/2006) für den Fall, dass im Rechtsmittelweg die Anmerkung der Rangordnung für die beabsichtigte Veräußerung des Grundstückes .245 doch stattfinden sollte.

Abweisung gem § 56 AllGAG

```
8  a 2256/2006 Abweisung gem § 56 AllgGAG
```

Hier handelt es sich um die Anmerkung einer Abweisung/Zurückweisung einer Anmeldung oder eines Widerspruches im Richtigstellungsverfahren nach dem Allgemeinen Grundbuchsanlegungsgesetz.

Änderung der Grundstücksnummer

```
9  a 6/2006 Änderung der GstNr von 123 in 16
```

Die Bezeichnung eines Grundstückes kann über Antrag bzw mit Genehmigung des Vermessungsamtes geändert werden. Dies kommt allerdings äußerst selten vor.

Agrargemeinschaftliche Grundstücke

```
10  a 225/2005 Agrargemeinschaftliche(s) Gst: 414/1 414/2 414/3 414/4
```

Die angeführten Grundstücke sind einer Agrargemeinschaft zugehörig. Agrargemeinschaften sind juristische Personen, die unter dem Schutz und der Verwaltung von Agrarbehörden stehen. In der Praxis kommen diese in Almengebieten vor.

Anordnung von Pflegemaßnahmen

```
11  a 226/2005 Anordnung von Pflegemaßnahmen hins Gst 325/7
```

Es könnte sich hierbei um Verpflichtungen zur Pflege von Grundstücksteilen handeln, die von der Gemeinde auferlegt worden sind, um das Zuwachsen von Wegen zu verhindern.

Anordnung von sichernden Maßnahmen

```
12  a 229/2005 Anordnung von sichernden Maßnahmen hins Gst .24
```

Die Baubehörde kann dem Eigentümer einer Liegenschaft Verpflichtungen auferlegen, bauliche Maßnahmen an einem Gebäude durchzuführen.

Antrag auf lastenfreie Abschreibung

```
13  a 230/2005 Antrag auf lastenfreie Abschreibung der Teilfl 1 des Gst 853/1
```

Der Liegenschaftseigentümer hat hier beim Grundbuchsgericht beantragt, eine Teilfläche lastenfrei von dieser Grundbuchseinlage abzuschreiben ohne jedoch die erforderlichen Abtrennungsbewilligungen von den Buchberechtigten vorzulegen. Es handelt sich hierbei um das Aufforderungsverfahren gemäß § 4 Liegenschaftsteilungsgesetz.

Assanierungsgebiet

```
14   a 231/2006 Assanierungsgebiet gem V 2005-03-16 LGBl 314/2005
```

Es ist hier erkennbar, dass diese Liegenschaft in eine agrarische Operation einbezogen ist. Agrarische Operationen sind Verfahren vor der Agrarbehörde, in denen mehrere Eigentümer (meist Landwirte) ihre Liegenschaften zusammenlegen, tauschen, übertragen und die Eigentumsverhältnisse derart ändern, um eine bessere Bewirtschaftung ihrer Landwirtschaften zu erreichen.

Aufschließungsbeitrag

```
15   a 232/2006 Aufschließungsbeitrag EUR 3.500,--
```

Die Verwaltungsbehörde hat die betroffene Liegenschaft verpflichtet, einen Beitrag zu den Kosten der Aufschließung (Errichtung von Kanal, Wasser- und Stromversorgung usw) zu leisten.

Auszahlung der Entschädigung

```
16   a 228/2006 Auszahlung der Entschädigung bezüglich Teilfläche Gst 24/2
```

Hier ist erkennbar, dass eine Entschädigung aus einem Enteignungsverfahren, Notwegeverfahren usw erfolgt ist bzw erfolgen wird.

Baulos

```
18   a 3216/2006 Baulos (auf) Gst .16/22
```

Die Bezeichnung als Baulos/Bauplatz und eventuell auch die Anführung der baubehördlichen Genehmigungsdaten sind etwa nach der Wiener Bauordnung im Grundbuch ersichtlich zu machen. Es ergeben sich hieraus Einschränkungen bei der Teilung oder Absonderung der betroffenen Grundstücke von dieser Grundbuchseinlage.

Bauplatz

```
19   a 32186/2006 Bauplatz (auf) Gst 211/2
```

Die Bezeichnung als Baulos/Bauplatz und eventuell auch die Anführung der baubehördlichen Genehmigungsdaten sind etwa nach der Wiener Bauordnung im Grundbuch ersichtlich zu machen. Es ergeben sich hieraus Einschränkungen bei der Teilung oder Absonderung der betroffenen Grundstücke von dieser Grundbuchseinlage.

Begünstigung nach dem Wohnbauförderungs- und Mietengesetz

```
20  b 216/2006 Begünstigung nach dem Wohnbauförderungs- und MietenG
```

Diese Begünstigungen können zB bei Pfand-, Bestand-, Veräußerungs- und Vorkaufsrechten über Antrag ersichtlich gemacht werden.

Bergbaugebiet

```
21  a 317/2005 Bergbaugebiet hins Gst 322 323 324 325
```

Die betroffenen Grundstücke werden zu bergbaulichen Zwecken verwendet. Diese Ersichtlichmachung sollte dazu auffordern, bei der Bergbaubehörde genauere Daten zu erfragen.

Berichtigung des Grundbuchs gem. § 136 GBG

```
22  a 288/2004 Berichtigung des Grundbuchs gem § 136 GBG
```

Hier erfolgte eine Berichtigung des Grundbuches auf Ansuchen, da das Grundbuch die wirkliche Rechtslage nicht wiedergegeben hatte.

Berichtigung von Fehlern gem. § 104 GBG

```
24  a 2216/2005 Berichtigung von Fehlern gem § 104 GBG
```

Es erfolgte die Berichtigung einer fehlerhaften Eintragung durch das Grundbuchsgericht.

Berichtigung gem. § 21 GUG

```
23  a 316/1986 Berichtigung gem § 21 GUG
```

Es erfolgte die Berichtigung einer Eintragung, die bei der Umstellung des „händischen" Grundbuches auf das ADV-Grundbuch fehlerhaft erfasst worden ist. Solche Berichtigungen sind sowohl von Amts wegen als auch über Antrag erfolgt.

Bodenbeschaffungsgebiet

```
25  a 2216/2005 Bodenbeschaffungsgebiet gem V der Marktgemeinde Zarl vom
         20.2.1956, Zl 12/1956
```

Gemeinden konnten durch Erlassung von Verordnungen Grundflächen für gewisse Nutzungen vorsehen. Man kann diese Vorgangsweise als Vorläufer des heutigen Flächenwidmungsplans gemäß den Raumordnungsgesetzen ansehen.

Eintragungsbeispiele im A2-Blatt

Bruchgebiet

```
26  a 327/2003 Bruchgebiet hins Gst 314/22
```

Auf diesem Grundstück wird ein Abbau (zB Steinbruch) durchgeführt und daraus ergeben sich rechtliche Beschränkungen.

Denkmalschutz

```
27  a 185/1966 Denkmalschutz Bauwerk auf Gst .77
```

Auf dem betroffenen Grundstück befindet sich ein Gebäude, das vom Denkmalamt unter Schutz gestellt worden ist. Es ergeben sich hierdurch Beschränkungen hinsichtlich von Um- und Ausbau, Abbruch und Renovierung.

Eigentumsvorbehalt an Maschinen

```
28  a 333/1995 Eigentumsvorbehalt an Maschinen auf Gst 82
```

Maschinen, die mit einer Liegenschaft in Verbindung gebracht werden, gelten grundsätzlich als Zubehör. Wenn jedoch eine derartige Anmerkung im Grundbuch ersichtlich ist, zeigt dies an, dass die Maschine nicht als Zubehör anzusehen ist, also nicht im Eigentum des Liegenschaftseigentümers steht (Fremdeigentum, Vorbehaltseigentum).

Siehe hierzu § 297a ABGB.

Einbeziehung von Grundstücken

```
29  a 99/2006 Einbeziehung Gst 33 in Gst 267
```

Das Grundstück 33 wurde mit dem Grundstück 267 nach dem Vermessungsgesetz vereinigt und hat damit aufgehört, als eigenes Grundstück zu bestehen.

Einleitung des Berichtigungsverfahrens

```
30  a 213/2004 Einleitung des Berichtigungsverfahrens
```

Wenn die Berichtigung einer falschen Eintragung Rechtsfolgen nach sich zieht oder Rechte Dritter berühren könnte, darf diese Berichtigung nicht ohne Durchführung eines Verfahrens, in dem die Betroffenen zu beteiligen sind, vorgenommen werden.

Einleitung des Einlösungsverfahrens

```
31  a 488/1936 Einleitung des Einlösungsverfahrens bezüglich Teilflächen des
          Gst 316/8
```

Hier wurde ein Verfahren zur Einlösung (Ablösung) von Grundflächen etwa nach der Bauordnung für Wien aus dem Jahr 1930 eingeleitet.

Einleitung des Enteignungsverfahrens

```
32  a 44/2005 Einleitung des Enteignungsverfahrens bezüglich Gst 33 44 55 66
          (I 316/ FA 18A 277/2005)
```

Die Anmerkung eines Enteignungsverfahrens nach dem Eisenbahnenteignungsgesetz soll verhindern, dass etwaige Rechtsnachfolger im Eigentum dieser Grundstücke, von einem laufenden, meistens länger dauernden, Enteignungsverfahren keine Kenntnis haben.

Einleitung des Flurbereinigungsverfahrens

```
33  a 664/2003 Einleitung des Flurbereinigungsverfahrens
```

Flurbereinigungsverfahren sind agrarische Operationen vor der Agrarbehörde und umfassen meist kleinere Gebiete, in welchen mehrere Eigentümer ihre Eigentumsverhältnisse zur besseren Bewirtschaftung ihrer Liegenschaften neu verteilen. Die Einleitung solcher Verfahren erfolgt mittels Bescheid. Sind größere Gebiete betroffen, spricht man von einem Zusammenlegungsverfahren, welches mittels Verordnung eingeleitet wird. Beide Verfahren werden nach den Flurverfassungslandesgesetzen durchgeführt.

Einleitung des Grenzberichtigungsverfahrens

```
34  a 299/2003 Einleitung des Grenzberichtigungsverfahrens (bezüglich)
          Gst 399 400 (2 Nc 50/2003)
```

Diese Anmerkung zeigt, dass ein Verfahren zur genauen Feststellung der Grenze vor dem Außerstreitgericht anhängig ist.

Einleitung des Grundüberlassungsverfahrens

```
37  a 216/2004 Einleitung des Grundüberlassungsverfahrens Tfl 12 Gst 214/3
```

Grundüberlassungen können im Laufe von baurechtlichen Verfahren angeordnet werden. Die rechtliche Durchsetzung kann sogar gerichtlich erfolgen.

Einleitung des Regulierungsverfahrens

```
35  a 911/2006 Einleitung des Regulierungsverfahrens
```

Hier handelt es sich um ein Verfahren vor der Agrarbehörde, welches sich mit der Feststellung und Bezeichnung von Agrargemeinschaften, der Absonderung oder Abänderung von Mitgliedschaftsrechten von der Stammsitzliegenschaft befasst.

Eintragungsbeispiele im A2-Blatt

Einleitung des Rückstellungsverfahrens

```
36   a 766/2005 Einleitung des Rückstellungsverfahrens bezüglich Gst 99/1 99/5
          99/7
```

Rückstellungen und Rückübereignungen wurden aufgrund von landesgesetzlichen Bestimmungen wie der oberösterreichischen Bauordnung, des Vorarlberger Elektrizitätsversorgungsgesetzes, etc ersichtlich gemacht.

Einleitung des Rückübereignungsverfahrens

```
37   a 316/2004 Einleitung des Rückübereignungsverfahrens bezüglich Gst 44/16
```

Rückstellungen und Rückübereignungen wurden aufgrund von landesgesetzlichen Bestimmungen wie der oberösterreichischen Bauordnung, des Vorarlberger Elektrizitätsversorgungsgesetzes, etc ersichtlich gemacht.

Einleitung des Teilungsverfahrens

```
38   a 2216/2005 Einleitung des Teilungsverfahrens
```

Teilungsverfahren werden gemäß dem Flurverfassungsgrundsatzgesetz betreffend die Flurbereinigung zur besseren Bewirtschaftung von Landwirtschaften angemerkt.

Einleitung des Umlegungsverfahrens

```
39   a 3216/2004 Einleitung des Umlegungsverfahrens
```

Umlegungsverfahren werden aufgrund der landesgesetzlichen Raumordnungs- und Raumplanungsgesetze angemerkt.

Einleitung des Zusammenlegungsverfahrens

```
40   a 7216/1999 Einleitung des Zusammenlegungsverfahrens
```

Zusammenlegungsverfahren sind agrarische Operationen vor der Agrarbehörde und umfassen größere Gebiete, in welchen mehrere Eigentümer ihre Eigentumsverhältnisse zur besseren Bewirtschaftung ihrer Liegenschaften neu verteilen. Die Einleitung von solchen Verfahren erfolgt mittels Verordnung. Sind kleinere Gebiete von dieser Neuordnung betroffen, spricht man von Flurbereinigungsverfahren, welche mittels Bescheid eingeleitet werden. Beide Verfahren werden nach den Flurverfassungslandesgesetzen durchgeführt.

Einlösung von Grundstücken

```
41   a 320/2004 Einlösung bezüglich Gst 16/22 16/23 16/24
```

Gemäß der Bauordnung für Wien aus dem Jahr 1930 konnten Einlösungen/Ablösungen von Grundstücken angemerkt werden.

Einspruch gegen die lastenfreie Abschreibung von Grundstücken oder Teilflächen

```
42  a 3316/2005 Einspruch gegen lastenfreie Abschreibung (bezüglich)
          Teilfläche Gst 33/15
```

Soll ein Trennstück von einer Liegenschaft lastenfrei abgeschrieben werden, so kann der Eigentümer die Buchberechtigten durch das Grundbuchsgericht auffordern lassen, gegen die lastenfreie Abschreibung binnen 30 Tagen Einspruch zu erheben, widrigenfalls die Abschreibung bewilligt würde (§ 4 LiegTeilG). Ein rechtzeitig erhobener Einspruch, der nicht begründet sein muss, hemmt die lastenfreie Abschreibung.

Eintragung in das Alm(Alp)buch

```
43  a 216/1976 Eintragung in das Alm(Alp)buch hins Gst 315 316 317
```

Diese Anmerkung lässt erkennen, dass die betroffenen Grundstücke in einem Alm/Alp/Weidebuch (je nach Bundesland) eingetragen sind und der Erhaltung der Weidewirtschaft dienen.

Engerer Gefährdungsbereich

```
43  a 216/1976 Engerer Gefährdungsbereich hins Munitionslager Gratkorn
```

Die betroffene Liegenschaft liegt in unmittelbarer Nähe eines Munitionslagers und unterliegt daher öffentlich-rechtlichen Beschränkungen (zB Bauordnung, Gewerbeordnung) welche zu einer eingeschränkten Nutzung führen.

Enteignung von Grundstücken

```
44  a 4622/2004 Enteignung bezüglich Gst 316 317 (GZ: III A 767/2003)
```

Unter Enteignung versteht man die zwangsweise Ablöse von Grundstücken, meist durch die öffentliche Hand, wenn ein öffentliches Interesse vorliegt. Diese Verfahren gründen in verschiedenen Gesetzen wie zB Eisenbahnenteignungsgesetz, Stadterneuerungsgesetz, Bodenbeschaffungsgesetz, Rohrleitungsgesetz, Starkstromwegegesetz etc.

Erbauung eines Hauses

```
45  a 522/2005 Erbauung eines Hauses (auf) Gst .45
```

Eintragungsbeispiele im A2-Blatt

Falls ein Grundstück im A-Blatt noch die Nutzung als landwirtschaftliches Grundstück aufweist, kann über Antrag die Erbauung eines Hauses ersichtlich gemacht werden.

Erlag einer Entschädigung

```
46   a 722/2005 Erlag einer Entschädigung bezüglich Gst 314 97/2
```

Für den Fall, dass eine Entschädigung vom Geschädigten nicht angenommen wird oder die Leistung nicht möglich ist, kann nach den Bestimmungen des § 1425 ABGB ein Erlag dieser Entschädigung bei Gericht erfolgen.

Eröffnung einer Einlage

```
47   a 397/2006 Eröffnung der Einlage für Gst 33 aus EZ 2417
```

Diese Eintragung dient der Nachvollziehbarkeit der Herkunft von Grundstücken und wird nur kurzfristig im Grundbuch ersichtlich sein, da sie ehestens in das Verzeichnis der gelöschten Eintragungen (Sammlung der Historischen Einlagen) übertragen wird.

Erteilung des Zuschlages bezüglich einzelner Grundstücke

```
49   a 288/2004 Erteilung des Zuschlages bezüglich Gst 66 818/9 an Maria Neger
          geb 1944-12-12
```

Werden einzelne Grundstücke im Wege der Zwangsversteigerung an einen Ersteher zugeschlagen (veräußert), wird noch am Tag der Versteigerung dieser Zuschlag im Grundbuch angemerkt.

Flächenänderung

```
50   a 316/2005 Flächenänderung bezüglich Gst 982/17 616/1 277/6
```

Unter Flächenänderung oder Grenzänderung versteht man Veränderungen an Grundstücken, die sich innerhalb einer Grundbuchseinlage befinden. Solche Änderungen können nur aufgrund von Teilungsplänen erfolgen. Sollten sich diese Veränderungen über mehrere Grundbuchseinlagen erstrecken, spricht man von Ab- und Zuschreibung von Grundstücken bzw Teilflächen von Grundstücken.

Genehmigung eines Übernahmsantrags

```
51   a 299/2004 Genehmigung des Übernahmsantrags des Josef Heumaier geb
          1944-05-16 hins Gst 277
```

Bei Vorliegen bestimmter Bedingungen kann ein Interessent vor der zwangsweisen Versteigerung einer Liegenschaft einen Übernahmsantrag (Kaufantrag) stellen. Bei

Annahme dieses Antrages wird in der Folge das Versteigerungsverfahren eingestellt (§§ 204, 271 EO).

Geschützter Landschaftsteil

```
52  a 316/1990 geschützter Landschaftsteil
```

Die gesamte Liegenschaft wurde hier unter Schutz gestellt. Es könnten auch nur einzelne Grundstücke angeführt sein. Dieser Umstand führt zu einer eingeschränkten Nutzung der Liegenschaft.

Grunddienstbarkeiten

```
54  a 316/2004 Grunddienstbarkeit Gehen Fahren an Gst 34/1 für Gst 55/9
```

Grunddienstbarkeiten haben ein dienendes und ein herrschendes Gut. Die Rechtsbegründende Eintragung erfolgt durch Einverleibung beim dienenden Gut im Lastenblatt (C-Blatt); beim herrschenden Gut wird die Dienstbarkeit (=Servitut) im Gutsbestandsblatt (A-Blatt) als Recht ersichtlich gemacht.

Kautionsband

```
55  b 322/1999 Kautionsband (bezüglich) Gst 314
```

Diese Anmerkung kann auf der Liegenschaft einer Bank vorkommen, die Pfandbriefe aufgelegt hat und als Deckung bestimmte Grundstücke zur Absicherung der Pfandbriefinhaber einem Deckungsstock zugeordnet hat. Dieser Vorgang wird von einem bestellten Treuhänder überwacht.

Klage

```
56  a 552/2004 Klage (4 Cg 366/04 x LG Leoben)
```

Bestimmte Klagen können im Grundbuch angemerkt werden. Die Anmerkung der Klage erfolgt in jenem Blatt, wo im Fall der Durchsetzung des begehrten Rechtes die spätere Eintragung erfolgen würde (zB Klagen auf Feststellung des Eigentumsrechtes werden im B-Blatt angemerkt, Klagen auf Zahlung einer grundbücherlich sichergestellten Forderung werden im C-Blatt beim betreffenden Pfandrecht angemerkt).

Kleingartenfläche

```
57  a 633/2002 Kleingartenfläche
```

Es handelt sich hier um eine Eintragung gemäß der Bauordnung für Wien. Es ergeben sich hieraus Einschränkungen bei der Teilung oder Absonderung der betroffenen Grundstücke von dieser Grundbuchseinlage.

Eintragungsbeispiele im A2-Blatt

Landschaftsschutzgebiet

```
58  a 8166/2005 Landschaftsschutzgebiet
```

Die Bezeichnung als Landschaftsschutzgebiet hat Einschränkungen hinsichtlich der Bebauung und Nutzung zur Folge. Die Unterschutzstellung kann sich auf die gesamte Grundbuchseinlage (wie hier), aber auch nur auf einzelne, angeführte Grundstücke beziehen.

Löschung einer Einlage

```
59  a 299/2004 Löschung der Einlage
```

Die Löschung einer Einlage wird angemerkt, damit nachvollzogen werden kann, mit welcher Tagebuchzahl die Löschung tatsächlich erfolgt ist.

Löschung eines Grundstückes

```
60  a 316/2006 Löschung Gst .155
```

In einzelnen Fällen wird auch die Löschung von Grundstücken angemerkt, um die Nachvollziehbarkeit zu gewährleisten.

Naturdenkmal

```
61  a 377/1988 Naturdenkmal (auf) Gst 317 (Sommerlinde)
```

Die Bestellung einer Pflanze oder eines Landschaftsteiles zum Naturdenkmal hat Einschränkungen hinsichtlich des Umschneidens, der Benutzung oder Bebauung zur Folge.

Naturschutzgebiet

```
63  a 299/2004 Naturschutzgebiet (Waldsteiner Hofauen)
```

Die Bestellung eines Landschaftsteiles zum Naturschutzgebiet hat Einschränkungen hinsichtlich der Benutzung, Verwendung oder Bebauung zur Folge.

Naturpark

```
62  a 367/2003 Naturpark
```

Die Bestellung eines Landschaftsteiles zum Naturpark hat Einschränkungen hinsichtlich der Benutzung, Verwendung oder Bebauung zur Folge.

Rangordnung

```
64  a 316/2006 Rangordnung für die Veräußerung des Gst 217 bis 2007-07-12
```

Die Anmerkung der Rangordnung für die beabsichtigte Veräußerung (hier lediglich das Grundstück 217 betreffend) begründet dem Eigentümer einen Rang für eine eventuell bevorstehende Veräußerung. Diese Rangordnung hat eine Gültigkeit von einem Jahr. Spätere, der Anmerkung folgende Eintragungen haben auf die Abschreibung keinen Einfluss.

Reallast

```
65  a 512/1944 Reallast an EZ 33
```

Reallasten werden grundsätzlich im Lastenblatt eingetragen. Wenn es sich jedoch beim Berechtigten nicht um eine Person, sondern um eine Liegenschaft handelt, wird die Ersichtlichmachung beim herrschenden Gut erfolgen.

Realrecht

```
66  a 377/1966 Realrecht
```

Im Gutsbestandsblatt können auch diejenigen mit dem Besitz der Liegenschaft verbundenen dinglichen Rechte angegeben sein, welche an einem in das Grundbuch nicht aufgenommenen öffentlichen Gut ausgeübt werden.

Recht

```
67  a 716/2006 RECHT des Gehens und Fahrens an Gst 22 44 717 für Gst 32
```

Diese Art der Ersichtlichmachung im herrschenden Gut entspricht auch der Eintragung „Grunddienstbarkeit des Gehens und Fahrens..."

Rekurs

```
68  a 12/2005 Rekurs
```

Die Anmerkung eines eingebrachten Rekurses kann in jedem Blatt vorkommen und hat zur Folge, dass die begehrte Eintragung, im Fall der Durchsetzung im Rechtsmittelweg, im Rang des seinerzeitigen Antrages erfolgen kann.

Sicherheitszone

```
69  a 990/2000 Sicherheitszone Flughafen·Thalerhof
```

Eintragungsbeispiele im A2-Blatt

Die Feststellung eines Landschaftsteiles als Sicherheitszone hat Einschränkungen hinsichtlich der Benutzung, Verwendung oder Bebauung zur Folge.

Stammsitzliegenschaft

```
70  a 316/1994 Stammsitzliegenschaft bezüglich 2/17 Anteilsrecht am
          Gemeinschaftsbesitz EZ 44 (Pockstalleralm)
```

Zu einer Stammsitzliegenschaft gehören Anteile an anderen Liegenschaften, die gemeinschaftlich genutzt werden (zB Almen). Die Trennung der Stammsitzliegenschaft von den zugehörigen Anteilen darf nur mit Zustimmung der Agrarbehörde erfolgen.

Streitanhängigkeit

```
71  a 77/2006 Streitanhängigkeit (5 C 217/06 g)
```

Hier handelt es sich um eine andere Form der Klagsanmerkung. Sinn der Eintragung ist ebenfalls das Erkennbarmachen eines anhängigen Prozesses.

Superädifikat

```
72  a 399/2004 Superädifikat auf Gst .16
```

Ein Superädifikat ist ein Bauwerk auf fremdem Grund (§ 435 ABGB). Die grundbücherliche Eintragung macht sichtbar, dass das Bauwerk nicht im Eigentum des Liegenschaftseigentümers steht.

Teilnaturschutzgebiet

```
73  a 722/1999 Teilnaturschutzgebiet hins Gst 314 99 617/2
```

Die Bestellung eines Landschaftsteiles zum Naturschutzgebiet hat Einschränkungen hinsichtlich der Benutzung, Verwendung oder Bebauung zur Folge.

Teilung von Grundstücken

```
74  a 222/2006 Teilung Gst 46 in 46/1 46/2 46/3
```

Teilungseintragungen kommen vorwiegend in den historischen Einlagen vor, um die Entwicklung und Veränderung von Grundstücken nachvollziehen zu können.

Teilungsverbot

```
1  a 3453/2002 Teilungsverbot hins Gst 432 gem § 35 ROG
```

Teilungsverbote werden vorwiegend von den Verwaltungsbehörden/Baubehörden ausgesprochen.

Übertragung von Eintragungen

```
75  a 33/2002 Übertragung der vorangehenden Eintragung(en) aus EZ 314
```

Wenn Grundstücke/Grundstücksteile von einer Einlage ab- und einer anderen Einlage unter Mitübertragung von Eintragungen zugeschrieben werden, erfolgt dieser Verweis um die Nachvollziehbarkeit zu sichern.

Verpflichtung zu bestimmten Bauabänderungen

```
76  a 314/2004 Verpflichtung zu bestimmten Baumaßnahmen gem Bescheid
          2004-03-16
```

Diese öffentlich-rechtliche Beschränkung soll jeden nachfolgenden Eigentümer auf eine Verpflichtung zu bestimmten Handlungen/Leistungen hinweisen, die von einer Verwaltungsbehörde ausgesprochen worden sind.

Verpflichtung aus bestimmten Bauverboten

```
13  a 346/1956 Verbot der Verbauung Gst 327 45/6
```

Diese öffentlich-rechtliche Beschränkung soll jeden nachfolgenden Eigentümer auf eine Verpflichtung zu bestimmten Handlungen/Leistungen hinweisen, die von einer Verwaltungsbehörde ausgesprochen worden sind.

Verpflichtung zur Abtragung

```
7  a 1886/2002 Verpflichtung zur Abtragung Bauwerk auf Gst .33
```

Diese öffentlich-rechtliche Beschränkung soll jeden nachfolgenden Eigentümer auf eine Verpflichtung zu bestimmten Handlungen/Leistungen hinweisen, die von einer Verwaltungsbehörde ausgesprochen worden sind.

Verpflichtung zur Abtretung von Grundstücken

```
77  a 16/2004 Verpflichtung zur Abtretung des Gst 256/13
```

Diese öffentlich-rechtliche Beschränkung soll jeden nachfolgenden Eigentümer auf eine Verpflichtung zu bestimmten Handlungen/Leistungen hinweisen, die von einer Verwaltungsbehörde ausgesprochen worden sind.

Verpflichtung zur Einbeziehung

```
78  a 399/2005 Verpflichtung zur Einbeziehung des Gst 414
```

Diese öffentlich-rechtliche Beschränkung soll jeden nachfolgenden Eigentümer auf eine Verpflichtung zu bestimmten Handlungen/Leistungen hinweisen, die von einer Verwaltungsbehörde ausgesprochen worden sind.

Verpflichtung zur Gehsteigherstellung

```
79  a 217/2006 Verpflichtung zur Gehsteigherstellung auf Gst 99
```

Diese öffentlich-rechtliche Beschränkung soll jeden nachfolgenden Eigentümer auf eine Verpflichtung zu bestimmten Handlungen/Leistungen hinweisen, die von einer Verwaltungsbehörde ausgesprochen worden sind.

Verpflichtung zur Gewährung einer Einstellmöglichkeit

```
80  a 316/2003 Verpflichtung zur Gewährung einer Einstellmöglichkeit
```

Diese öffentlich-rechtliche Beschränkung soll jeden nachfolgenden Eigentümer auf eine Verpflichtung zu bestimmten Handlungen/Leistungen hinweisen, die von einer Verwaltungsbehörde ausgesprochen worden sind.

Verpflichtung zur Herstellung der Höhenlage

```
81  a 933/2004 Verpflichtung zur Herstellung der Höhenlage hins Gst 314 315
          .16
```

Diese öffentlich-rechtliche Beschränkung soll jeden nachfolgenden Eigentümer auf eine Verpflichtung zu bestimmten Handlungen/Leistungen hinweisen, die von einer Verwaltungsbehörde ausgesprochen worden sind.

Verpflichtung zur Herstellung eines Gemeinschaftsspielplatzes und Gewährleistung seiner Zugänglichkeit

```
82  a 217/2004 Verpflichtung zur Herstellung eines Gemeinschaftsspielplatzes
          und Gewährleistung seiner Zugänglichkeit
```

Diese öffentlich-rechtliche Beschränkung soll jeden nachfolgenden Eigentümer auf eine Verpflichtung zu bestimmten Handlungen/Leistungen hinweisen, die von einer Verwaltungsbehörde ausgesprochen worden sind.

Verpflichtung zur Leistung von Beiträgen

```
83  a 316/2005 Verpflichtung zur Leistung eines Anliegerbeitrages von EUR
          3.000,--
```

Diese öffentlich-rechtliche Beschränkung soll jeden nachfolgenden Eigentümer auf eine Verpflichtung zu bestimmten Handlungen/Leistungen hinweisen, die von einer Verwaltungsbehörde ausgesprochen worden sind.

Verpflichtung zur Übergabe

```
84  a 516/2004 Verpflichtung zur Übergabe einer Teilfläche des Gst 88
```

Diese öffentlich-rechtliche Beschränkung soll jeden nachfolgenden Eigentümer auf eine Verpflichtung zu bestimmten Handlungen/Leistungen hinweisen, die von einer Verwaltungsbehörde ausgesprochen worden sind.

Versagung der Übernahme

```
85  a 688/2003 Versagung der Übernahme des Gst 315 durch Hans Maier geb
          1955-12-16
```

Bei Vorliegen bestimmter Bedingungen kann ein Interessent vor der zwangsweisen Versteigerung einer Liegenschaft einen Übernahmsantrag (Kaufantrag) stellen (§ 271 EO). Die Versagung dieser Übernahme wird angemerkt.

Versagung des Zuschlages

```
86  a 313/2006 Versagung des Zuschlags an Heidemarie Hunner geb 1977-12-14
          hins Gst 422
```

Im Zwangsversteigerungsverfahren ist der Zuschlag zu versagen, wenn begründeter Widerspruch erhoben wurde (§ 186 EO).

Verwalter einer Liegenschaft

```
87  a 415/2006 Verwalter der Liegenschaft GWS Wohnbaugesellschaft mit
          beschränkter Haftung, Neubaugasse 1, 9020 Klagenfurt
```

Diese Eintragung erfolgt hauptsächlich bei Liegenschaften, auf denen Wohnungseigentum begründet worden ist. Das schnelle Erkennen des Verwalters ermöglicht etwa dem Kaufinteressenten einer Wohnung durch Anfrage bei diesem, die rasche Feststellung ob auf dem Wohnungseigentumsobjekt auch nicht verbücherte Lasten, wie gesetzliche Vorzugspfandrechte gemäß § 27 WEG, haften.

Eintragungsbeispiele im A2-Blatt

Vollnaturschutzgebiet

```
88  a 16/2000 Vollnaturschutzgebiet
```

Die Bestellung eines Landschaftsteiles zum Naturschutzgebiet hat Einschränkungen hinsichtlich der Benutzung, Verwendung oder Bebauung zur Folge.

Vorläufiger Verwalter

```
89  a 856/2004 Vorläufiger Verwalter Hanns Huber, Waldweg 4, 1010 Wien
```

Diese Eintragung erfolgt hauptsächlich bei Liegenschaften auf denen Wohnungseigentum begründet worden ist. Das schnelle Erkennen des (vorläufigen) Verwalters ermöglicht etwa dem Kaufinteressenten einer Wohnung durch Anfrage bei diesem, die rasche Feststellung ob auf dem Wohnungseigentumsobjekt auch nicht verbücherte Lasten, wie gesetzliche Vorzugspfandrechte gemäß § 27 WEG, haften.

Weiterer Gefährdungsbereich

```
90  a 313/1988 weiterer Gefährdungsbereich des Munitionslagers Haindorf
```

Die Feststellung eines Landschaftsteiles als Sicherheitszone/Engerer Gefährdungsbereich/Weiterer Gefährdungsbereich hat Einschränkungen hinsichtlich der Benutzung, Verwendung oder Bebauung zur Folge.

Zuschreibung von Grundstücken

```
91  a 216/2006 Kaufvertrag 2005-12-13 Zuschreibung Gst 313 aus EZ 422
```

Die Anmerkung der Zuschreibung von Grundstücken beinhaltet auch die Erwerbsurkunde (Kauf-, Tausch-, Schenkungsvertrag). Sollte es sich um eine Zuschreibung aus dem Eigenbesitz handeln, ist der Beisatz „Antrag des Liegenschaftseigentümers" beigefügt.

Zuschreibung von Teilflächen

```
92  a 216/2006 Zuschreibung Teilfläche(n) Gst 44 aus EZ 412, Antrag des
          Liegenschaftseigentümers
```

Die Anmerkung der Zuschreibung von Grundstücksteilflächen beinhaltet auch die Erwerbsurkunde (Kauf-, Tausch-, Schenkungsvertrag). Sollte es sich um eine Zuschreibung aus dem Eigenbesitz handeln, ist der Beisatz „Antrag des Liegenschaftseigentümers" beigefügt.

3. MÖGLICHE EINTRAGUNGEN IM B-BLATT

Jeder Eigentümer ist unter einer „Laufenden Nummer" (LNR) in der Grundbuchseinlage eingetragen. Alle weiteren Eintragungen im B-Blatt sind einer solchen LNR als lit-Buchstabe zugeordnet.

Abweisung eines Einverleibungsgesuches

```
c 22/2004 Abweisung des Einverleibungsgesuches des (der) Maria Magdalena
          Heibl geb 1955-12-12
```

Die Anmerkung dieser Abweisung erfolgte zur Wahrung des Ranges (22/2004) für den Fall, dass im Rechtsmittelweg die Eintragung doch stattfinden sollte.

Abweisung eines Vormerkungsgesuches

```
g 23/2006 Abweisung des Vormerkungsgesuches des (der) Hubert Nindl geb
          1966-11-11
```

Die Anmerkung dieser Abweisung erfolgte zur Wahrung des Ranges (23/2006) für den Fall, dass im Rechtsmittelweg die Eintragung doch stattfinden sollte.

Abweisung eines Rangordnungsgesuches

```
h 21/2006 Abweisung eines Rangordnungsgesuches
```

Die Anmerkung dieser Abweisung erfolgte zur Wahrung des Ranges (21/2006) für den Fall, dass im Rechtsmittelweg die Eintragung doch stattfinden sollte.

Abweisung gem. § 56 AllGAG

```
f 2256/2006 Abweisung gem § 56 AllgGAG
```

Hier handelt es sich um die Anmerkung einer Abweisung/Zurückweisung einer Anmeldung oder eines Widerspruches im Richtigstellungsverfahren nach dem Allgemeinen Grundbuchsanlegungsgesetz.

Adressänderung

```
i 534/2006 Adressenänderung
```

Mit Beschluss TZ 534/2006 wurde die Adresse desjenigen Eigentümers, dem diese Eintragung zugeordnet ist, geändert.

Akademischer Grad

```
f 25/2006 akademischer Grad
```

Dem Namen eines bereits eingetragenen Eigentümers wurde nunmehr ein akademischer Grad beigefügt.

Anfechtungsklage

```
e 26/2006 Anfechtungsklage (22 C 124/06 i)
```

Das Eigentumsrecht eines Eigentümers wurde von einem Dritten mittels Klage angefochten. Das Aktenzeichen des Prozessgerichtes, welches im vorliegenden Fall mit dem Grundbuchsgericht identisch ist, denn sonst wäre das Prozessgericht namentlich angeführt, ist ersichtlich.

Anmeldung gem. § 40 AllGAG

```
16  f 22/2005 Anmeldung gem § 40 AllgGAG von Maximilian Trog geb 1944-12-29
```

Hier handelt es sich um die Anmerkung einer Anmeldung des Eigentumsrechtes im Einbücherungsverfahren nach dem Allgemeinen Grundbuchsanlegungsgesetz. Sämtliche Ansprüche von Personen, die auf eine Eintragung/Änderung der neu geschaffenen Einlage abzielen, sind anzumerken.

Ausschlussklage gem. § 36 WEG 2002

```
d 2328/2005 Klage gem § 36 WEG 2002
```

Gemäß § 36 WEG 2002 kann ein Miteigentümer unter bestimmten Voraussetzungen aus der Gemeinschaft ausgeschlossen werden.

Auszahlung der Entschädigung

```
d 28/2006 Auszahlung der Entschädigung
```

Derartige Anmerkungen konnten nach der Bauordnung für Wien aus dem Jahr 1930 eingetragen werden.

Baurecht

```
m 816/2005 Baurechtsvertrag 2005-02-15 Baurecht
```

Das Baurecht ist das Recht, auf einer fremden Liegenschaft ein Bauwerk errichten zu dürfen. Die näheren Umstände aus diesem Recht sind einerseits im Baurechtsgesetz geregelt bzw dem Baurechtsvertrag zu entnehmen. Für das Baurecht wird eine eigene Grundbuchseinlage eröffnet. Die Verknüpfung dieser Einlage mit der Einlage des Liegenschaftseigentümers (Stammeinlage) ist gegenseitig aus dem Grundbuch erkennbar.

Baurechtsvormerkung

```
n 816/2005 Baurechtsvertrag 2005-02-15 Baurecht vorgemerkt für Hansi
          Müller geb 1957-04-16
```

Die Vormerkung des eingeräumten Baurechtes erfolgt als Vorstufe in jenen Fällen, wo die Erfüllung bestimmter Bedingungen noch ausständig ist (zB Vorliegen der Unbedenklichkeitsbescheinigung des Finanzamtes).

Belastungsverbot

```
p 33/1988 Belastungsverbot
```

Ein im Lastenblatt einer Liegenschaft eingetragenes Belastungsverbot wird zusätzlich im B-Blatt beim betroffenen Eigentümer ersichtlich gemacht.

Belastungs- und Veräußerungsverbot

```
o 33/1988 Belastungs- und Veräußerungsverbot
```

Ein im Lastenblatt einer Liegenschaft eingetragenes Belastungs- und Veräußerungsverbot wird zusätzlich im B-Blatt beim betroffenen Eigentümer ersichtlich gemacht.

Berichtigung des Grundbuchs gem. § 136 GBG

```
q 512/2004 Berichtigung des Grundbuches gem § 136 GBG
```

Hier erfolgte eine Berichtigung des Grundbuches auf Ansuchen, da das Grundbuch die wirkliche Rechtslage nicht wiedergegeben hatte.

Berichtigung nach dem Wohnungseigentumsgesetz

```
a 1944/2005 Berichtigung gem § 10 Abs 3 WEG 2002
s 2001/2004 Berichtigung gem § 12 Abs 3 WEG 1975
```

Hier erfolgte eine gerichtliche Festsetzung der Nutzwerte, wodurch eine Änderung/Übertragung der Eigentumsanteile notwendig wurde.

Eintragungsbeispiele im B-Blatt

Berichtigung gem. § 21 GUG

```
t 421/1988 Berichtigung gem § 21 GUG
```

Es erfolgte die Berichtigung einer Eintragung, die bei der Umstellung des „händischen" Grundbuches auf das ADV-Grundbuch fehlerhaft erfasst worden ist. Solche Berichtigungen sind sowohl von Amts wegen als auch über Antrag erfolgt.

Berichtigung von Fehlern gem. § 104 GBG

```
u 312/2005 Berichtigung von Fehlern gem § 104 GBG
```

Es erfolgte die Berichtigung einer fehlerhaften Eintragung durch das Grundbuchsgericht.

Beschränkte Entmündigung

```
v 622/1968 beschränkte Entmündigung
```

Hier handelt es sich um eine Beschränkung des Eigentümers in seiner Handlungsfähigkeit. Die Entmündigung ist der Vorgänger der heutigen Sachwalterschaft.

Bestellung einer öffentlichen Aufsichtsperson

```
w 726/2006 Bestellung einer öffentl Aufsichtsperson
```

Die Bestellung einer öffentlichen Aufsichtsperson etwa nach dem Verwaltergesetz, lässt jedermann erkennen, wer der Ansprechpartner betreffend dieser Liegenschaft ist.

Bestellung eines einstweiligen Sachwalters

```
x 824/2005 Bestellung eines einstweiligen Sachwalters (4 P 313/2004)
```

Hier handelt es sich um eine Beschränkung des Eigentümers in seiner Handlungsfähigkeit. Die Bestellung eines einstweiligen oder vorläufigen Sachwalters erfolgt zB während des laufenden Verfahrens zur Feststellung ob eine Sachwalterschaft notwendig ist.

Bestellung eines öffentlichen Verwalters

```
y 336/1953 Bestellung eines öffentl Verwalters
```

Die Bestellung eines öffentlichen Verwalters oder einer öffentlichen Aufsichtsperson betreffend eine Liegenschaft konnte seinerzeit nach dem Verwaltergesetz 1952 angeordnet werden.

Bestellung eines Sachwalters

```
z 336/2004 Bestellung eines Sachwalters (5 P 388/05 f)
```

Hier handelt es sich um eine Beschränkung des Eigentümers in seiner Handlungsfähigkeit. Sämtliche Verhandlungen/Verträge bezüglich der Liegenschaft dürfen nur mehr mit dem Sachwalter geführt/geschlossen werden. Abgeschlossene Verträge müssen zusätzlich vom Sachwalterschaftsgericht genehmigt werden, damit eine Gültigkeit gegeben ist.

Bestellung eines vorläufigen Beistands

```
aa 622/1977 Bestellung eines vorläufigen Beistands, (L 25/77)
```

Hier handelt es sich um eine Beschränkung des Eigentümers in seiner Handlungsfähigkeit. Die Bestellung eines einstweiligen oder vorläufigen Sachwalters erfolgt zB während des laufenden Verfahrens zur Feststellung ob eine Sachwalterschaft notwendig ist. Die Bezeichnung „Beistand" ist veraltet.

Bewilligung der Versteigerung gem. § 352 EO

```
ab 316/2004 Bewilligung der Versteigerung gem § 352 EO (16 E 214/04 h)
```

Die gerichtliche Versteigerung einer gemeinschaftlichen Liegenschaft (mehrere Eigentümer) erfolgt auf Antrag eines Eigentümers zum Zweck der Auseinandersetzung. Mit Hilfe dieser Einrichtung kann ein Miteigentümer auch ohne Zustimmung der anderen Miteigentümer die Versteigerung der gesamten Liegenschaft durchsetzen und so auf günstigstem Weg aus der Miteigentümergemeinschaft aussteigen.

Eigentumsrecht

```
ac 1/1995 Kaufvertrag 1994-02-16, Übergabsvertrag 1956-03-27
          Eigentumsrecht
```

Die Darstellung des einverleibten Eigentumsrechtes erfolgt unter Anführung des Erwerbstitels und der Tagebuchzahl. Die Anführung der TZ ermöglicht die Abfrage und Einsichtnahme in den Vertrag in der Urkundensammlung.

Eigentumsrecht gegen den vorgemerkten Eigentümer

```
b 612/2005 Kaufvertrag 2004-04-12 Eigentumsrecht gegen vorgemerkten
           Eigentümer für Eugen Land geb 1977-06-06
```

Die Darstellung des bedingten Eigentumsrechtes gegen den vorgemerkten Eigentümer erfolgt unter Anführung des Erwerbstitels und der Tagebuchzahl. Die Anführung der TZ ermöglicht die Abfrage und Einsichtnahme in den Vertrag in der Urkundensammlung.

Eintragungsbeispiele im B-Blatt

Eigentumsrecht vorgemerkt

```
c 297/2006 Schenkungsvertrag 2005-05-16 Eigentumsrecht vorgemerkt für
          Heidi Klump geb 1977-12-12
```

Die Darstellung des bedingten Eigentumsrechtes erfolgt unter Anführung des Erwerbstitels und der Tagebuchzahl. Die Anführung der TZ ermöglicht die Abfrage und Einsichtnahme in den Vertrag in der Urkundensammlung.

Einleitung des Berichtigungsverfahrens

```
d 313/2005 Einleitung des Berichtigungsverfahrens
```

Wenn die Berichtigung einer falschen Eintragung Rechtsfolgen nach sich ziehen oder Rechte Dritter berühren könnte, darf diese Berichtigung nicht ohne Durchführung eines Verfahrens, in dem die Betroffenen zu beteiligen sind, vorgenommen werden.

Einleitung des Enteignungsverfahrens

```
e 313/2005 Einleitung des Enteignungsverfahrens
```

Die Anmerkung eines Enteignungsverfahrens nach dem Eisenbahnenteignungsgesetz soll verhindern, dass etwaige Rechtsnachfolger im Eigentum dieser Grundbuchseinlage, von einem laufenden, meistens länger dauernden, Enteignungsverfahren keine Kenntnis haben.

Einleitung des Löschungsverfahrens

```
f 313/2005 Einleitung des Löschungsverfahrens
```

Wenn einer beantragten Löschung nicht sofort entsprochen werden kann, besteht die Möglichkeit der Einleitung eines Löschungsverfahrens gemäß § 133 Abs 2 GBG.

Einleitung des Rückstellungsverfahrens

```
g 277/2004 Einleitung des Rückstellungsverfahrens
```

Rückstellungen/Rückübereignungen können unter Anwendung der jeweiligen landesgesetzlichen Bestimmungen vor allem der Bauordnungen erfolgen.

Einlösung

```
h 366/1999 Einlösung
```

Einlösungen von Grundflächen können unter Anwendung der jeweiligen landesgesetzlichen Bestimmungen vor allem der Bauordnungen erfolgen.

Einschränkung

```
i 288/2000 Einschränkung der privatrechtl Befugnisse auf jene eines
         öffentl Verwalters
```

Diese Beschränkung kann in Grundbuchseinlagen, die zwar im Grundbuch eingetragen sind (keine Hilfseinlagen wie EZ 50000, öffentliches Gut) aber trotzdem öffentliches Gut (Straßen, Wege, Gewässer) darstellen, vorkommen.

Einverleibungsgesuch bis zum Einlangen der Übersetzung

```
a 12/2004 Gesuch um Einverleibung bis zum Einlangen der Übersetzung
```

Sind Urkunden in einer fremden Sprache verfasst, kann unter bestimmten Voraussetzungen eine Übersetzung nachgebracht werden und im Fall der Bewilligung des Gesuches erfolgt die Eintragung im Rang des seinerzeitigen Einlangens des Gesuches.

Einverleibungsgesuch bis zum Einlangen des Originals

```
a 313/2006 Gesuch um Einverleibung bis zum Einlangen des Originals
```

Sind Urkunden in einer beglaubigten Abschrift vorgelegt, da sich das Original bei einem anderen Gericht befindet (zB Simultanpfandrecht in Liegenschaften verschiedener Gerichtssprengel), kann unter bestimmten Voraussetzungen die Originalurkunde nachgereicht werden und im Fall der Bewilligung des Gesuches erfolgt die Eintragung im Rang des seinerzeitigen Einlangens des Gesuches.

Enteignung

```
j 957/2005 Enteignung (GZ: 16 FA 00-2004)
```

Die Anmerkung eines Enteignungsverfahrens nach dem Eisenbahnenteignungsgesetz soll verhindern, dass etwaige Rechtsnachfolger im Eigentum dieser Liegenschaft, von einem laufenden, meistens länger dauernden, Enteignungsverfahren keine Kenntnis haben.

Erlag einer Entschädigung

```
k 744/2004 Erlag einer Entschädigung
```

Der Erlag der Entschädigungssumme in einem Enteignungsverfahren bewirkt den außerbücherlichen Eigentumsübergang auf den Enteigner.

Eintragungsbeispiele im B-Blatt

Eröffnung des Ausgleichsverfahrens

```
l 20/2006 Eröffnung des Ausgleichsverfahrens am 2006-01-17
          (16 Sa 288/06 p LG Leoben)
```

Die Eröffnung eines Ausgleichsverfahrens bedeutet eine Einschränkung in der Handlungsfähigkeit des Liegenschaftseigentümers.

Sämtliche Verhandlungen/Verträge bezüglich der Liegenschaft dürfen nur mehr mit dem Ausgleichsverwalter geführt/geschlossen werden. Abgeschlossene Verträge müssen zusätzlich vom Ausgleichsgericht (Bezirks- oder Landesgericht) genehmigt werden, damit eine Gültigkeit gegeben ist.

Eröffnung des Konkurses

```
m 516/2005 Eröffnung des Konkurses am 2005-05-27 (16 S 44/05 f HG Wien)
```

Die Eröffnung eines Konkursverfahrens bedeutet eine Einschränkung in der Handlungsfähigkeit des Liegenschaftseigentümers.

Sämtliche Verhandlungen/Verträge bezüglich der Liegenschaft dürfen nur mehr mit dem Masseverwalter geführt/geschlossen werden. Abgeschlossene Verträge müssen zusätzlich vom Konkursgericht (Bezirks- oder Landesgericht) genehmigt werden, damit eine Gültigkeit gegeben ist.

Eröffnung des Privatschuldenregulierungsverfahrens

```
n 516/2005 Eröffnung des Schuldenregulierungsverfahrens 2005-05-27 (6 S
          12/05 g)
```

Die Eröffnung eines Privatschuldenregulierungsverfahrens bedeutet eine Einschränkung der Handlungsfähigkeit des Liegenschaftseigentümers.

Sämtliche Verhandlungen/Verträge bezüglich der Liegenschaft dürfen nur mehr mit dem Masseverwalter geführt/geschlossen werden. Abgeschlossene Verträge müssen zusätzlich vom Konkursgericht (Bezirksgericht) genehmigt werden, damit eine Gültigkeit gegeben ist.

Eröffnung des Vorverfahrens

```
o 4126/2005 Eröffnung des Vorverfahrens am 2005-12-12
```

Das Vorverfahren ist ein Prüfungsverfahren im Insolvenzrecht.

Erteilung des Zuschlages

```
p 316/2006 Erteilung des Zuschlages an John Deere geb 1967-04-17 (3 E
         327/05 g)
```

Im Zwangsversteigerungsverfahren wird in der Versteigerungstagsatzung die Liegenschaft an den Bestbieter „zugeschlagen". Die Erteilung dieses Zuschlages wird sofort im Grundbuch angemerkt. Wenn der Ersteher der Liegenschaft dann die Versteigerungsbedingungen erfüllt hat (Bezahlung des Meistbotes, Einholung sämtlicher Genehmigungen,...) wird die Einverleibung des Eigentumsrechtes, im Rang dieser Zuschlagserteilung, erfolgen.

Fideikommissarische Substitution

```
q 8296/1999 fideikommissarische Substitution zugunsten Georg
         Michael Huber geb 1999-03-15
r 8296/1999 fideikommissarische Substitution auf den Überrest zugunsten
         Georg Michael Huber geb 1999-03-15
```

Bei der fideikommissarischen Substitution handelt es sich um einen bestimmten Erbschaftsvorgang. Ein Erblasser vererbt sein Vermögen an einen „Vorerben", der zwar Eigentümer dieses Vermögens wird, jedoch in seiner Handlungsweise derart eingeschränkt ist, dass er dieses Vermögen weder belasten noch veräußern darf. Der Erblasser hat nämlich auch gleichzeitig mit dem Vorerben einen „Nacherben" eingesetzt, welchem das Vermögen nach dem Tod des Vorerben zufällt (zB Vater vererbt alles seinem Sohn, mit der Verpflichtung alles seiner Tochter weiterzuvererben). Die Fideikommissarische Substitution hat demnach die Wirkung eines Belastungs- und Veräußerungsverbotes.

Fideikommissarische Substitution vorgemerkt

```
s 8296/1967 fideikommissarische Substitution auf den Überrest vorgemerkt
         zugunsten Hans Baier geb 1960-10-15
```

Die vorgemerkte Fideikommissarische Substitution ist eine bedingte Grundbuchseintragung die zu ihrer Einverleibung noch der Erfüllung dieser Bedingung (Rechtfertigung) bedarf. Die Bedingung könnte das Nachbringen der finanzbehördlichen Unbedenklichkeitsbescheinigung sein.

Freiwillige Feilbietung

```
u 299/2006 freiwillige Feilbietung
```

Gerichtliche Versteigerungsverfahren können nicht nur zwangsweise, also gegen den Willen des Eigentümers in einem Exekutionsverfahren, sondern auch auf Antrag des Eigentümers erfolgen. Der Antragsteller erhofft sich dadurch eine bessere Verwertung.

Eintragungsbeispiele im B-Blatt

Geburtsdatum

```
v 316/2005 Geburtsdatum
```

Das Geburtsdatum des Eigentümers wurde nachträglich hinzugefügt.

Genehmigung eines Übernahmsantrages

```
w 2216/2004 Genehmigung des Übernahmsantrages des/der Johanna Breiner geb
         1944-06-17
```

Bei Vorliegen bestimmter Bedingungen kann ein Interessent vor der zwangsweisen Versteigerung einer Liegenschaft einen Übernahmsantrag (Kaufantrag) stellen (§ 271 EO). Die Genehmigung dieser Übernahme wird angemerkt und nach Vorliegen sämtlicher Erfordernisse wird die Einverleibung des Eigentumsrechts im Rang dieser Anmerkung erfolgen.

Gesuch um Einverleibung bis zum Einlangen der Übersetzung

```
x 1388/2006 Gesuch um Einverleibung bis zum Einlangen der Übersetzung
```

Sind Urkunden in einer fremden Sprache verfasst, kann unter bestimmten Voraussetzungen eine Übersetzung nachgebracht werden und im Fall der Bewilligung des Gesuches erfolgt die Eintragung im Rang des seinerzeitigen Einlangens des Gesuches.

Gesuch um Vormerkung bis zum Einlangen des Originals

```
aa 4216/2006 Gesuch um Vormerkung bis zum Einlangen des Originals
```

Sind Urkunden in einer beglaubigten Abschrift vorgelegt, da sich das Original bei einem anderen Gericht befindet (zB Simultanpfandrecht in Liegenschaften verschiedener Gerichtssprengel), kann unter bestimmten Voraussetzungen die Originalurkunde nachgereicht werden und im Fall der Bewilligung des Gesuches erfolgt die Eintragung im Rang des seinerzeitigen Einlangens des Gesuches. Hier ist auch noch die Bedingung zu erfüllen (daher Vormerkung).

Großjährigkeit

```
ab 3216/1988 Großjährigkeit
```

Die Großjährigkeit (alte Bezeichnung für Volljährigkeit) wurde im Nachhinein angemerkt.

Gütergemeinschaft

```
ac 316/1978 Gütergemeinschaft
```

Die allgemeine Gütergemeinschaft im Sinne des § 1236 ABGB kann unter Ehegatten vereinbart werden. Sie wirkt unter anderem wie ein gegenseitiges Belastungs- und Veräußerungsverbot.

Gütergemeinschaft vorgemerkt

```
ad 6221/1988 Gütergemeinschaft vorgemerkt
```

Die Wirkung der Gütergemeinschaft ist hier noch vom Erfüllen einer Bedingung abhängig (daher Vormerkung).

Heimfallsrecht

```
ae 316/2005 Heimfallsrecht
```

Das Heimfallsrecht des Staates ist ein Begriff aus dem Erbrecht. Für den Fall, dass ein Erblasser zwar Vermögen jedoch keine Erben hinterlässt, fällt dieses Vermögen dem Staat „anheim".

Klage

```
af 315/2005 Klage (23 C 1156/05 f)
ag 566/2005 Klage auf Einverleibung des Eigentumsrechts gem § 43 WEG 2002
```

Klagsanmerkungen sollen einen späteren Eigentümer, Interessenten oder sonstigen Berechtigten auf einen laufenden Prozess hinweisen.

Minderjährigkeit

```
ah 933/2004 Minderjährigkeit
```

Die Tatsache der Minderjährigkeit des Eigentümers wurde nachträglich mit der TZ 933/2004 angemerkt.

Nachfolgerecht

```
ai 4288/2002 Nachfolgerecht für Karl Huber
```

Das Nachfolgerecht ist die Verpflichtung, die Liegenschaft nur einer bestimmten Person ins Eigentum zu übertragen oder von Todes wegen zu überlassen.

Namensänderung

```
aj 2278/2004 Namensänderung
```

Der Name des Eigentümers wurde mit der TZ 2278/2004 nachträglich geändert.

Öffentliches Gut

```
GRUNDBUCH 63005 Gams                                       EINLAGEZAHL 50000
BEZIRKSGERICHT Frohnleiten
***************************************************** ABFRAGEDATUM  2006-08-06
KEINE GRUNDBUCHSEINLAGE
ÖFFENTLICHES GUT IN VERWALTUNG D. MARKTGEMEINDE FROHNLEITEN
************************************ A1 **************************************
   GST-NR  G BA (NUTZUNG)          FLÄCHE  GST-ADRESSE
   868/1     Sonstige (Weg)          7300
   868/2     Sonstige (Weg)         22761
   868/3     Sonstige (Straße)        789
   868/6     Sonstige (Straße)        333
   868/7     Sonstige (Straße)        804
   871/1     GST-Fläche        *    33048
             Gewässer (Bach)         1118
             Sonstige (Weg)         31930
   871/3     Sonstige (Weg)          1026
   871/4     Sonstige (Weg)    *      875
   872       Sonstige (Weg)          6997
   874       Sonstige (Weg)          1255
   875       Sonstige (Weg)          1850
   876/1     Sonstige (Weg)    *    40864
   876/2     Sonstige (Weg)          2922
   876/3     Sonstige (Weg)           865
   877       Sonstige (Weg)          1673
   878       Sonstige (Weg)         15006
   881       Sonstige (Weg)          7858
   883       GST-Fläche               486
             Landw. genutzt           308
             Sonstige (Weg)           178
   887       Sonstige (Weg)           118
   GESAMTFLÄCHE                    146830
************************************ A2 **************************************
************************************ B ***************************************
   1 ANTEIL: 1/1
     Öffentliches Gut (Straßen und Wege)
     ADR: Marktgemeinde Frohnleiten, Bruckerstraße 2, Frohnleiten   8130
      a 71/1992 Namensänderung
************************************ C ***************************************
*********************************** HINWEIS **********************************
           Eintragungen ohne Währungsbezeichnung sind Beträge in ATS

GRUNDBUCH 63005 Gams                                       EINLAGEZAHL 50001
BEZIRKSGERICHT Frohnleiten
***************************************************** ABFRAGEDATUM  2006-08-06
KEINE GRUNDBUCHSEINLAGE
ÖFFENTLICHES WASSERGUT
************************************ A1 **************************************
   GST-NR  G BA (NUTZUNG)          FLÄCHE  GST-ADRESSE
   885/1     Gewässer (Bach)         3104
   885/2     Gewässer (Bach)        39732
   885/3     Gewässer (Bach)         6747
   886/1     Gewässer (Bach)         6855
   886/2     Gewässer (Bach)         1361
   886/4     Gewässer (Bach)         6442
   886/6     Gewässer (Bach)   *     1161
   886/7     Gewässer (Bach)         3129
```

```
    886/8     Gewässer (Bach)          3705
    886/9     Gewässer (Bach)           943
    886/10    Gewässer (Bach)           312
    886/11    Gewässer (Bach)          1594
    886/12    Gewässer (Bach)           416
    889       Landw. genutzt    *       331
    GESAMTFLÄCHE                      75832
************************************ A2 *************************************
    2  a gelöscht
************************************ B ***************************************
    1 ANTEIL: 1/1
      Öffentliches Gut Gewässer
      ADR: Landeshauptmann von Steiermark als Verwalter des öffentlichen
      Wassergutes, Landhaus   8010
************************************ C ***************************************
********************************** HINWEIS ***********************************
            Eintragungen ohne Währungsbezeichnung sind Beträge in ATS
```

Das Grundbuch geht davon aus, dass jedes Grundstück einer Einlage zugeordnet ist. In einigen Bundesländern (Oberösterreich, Kärnten, Steiermark) werden nicht verbücherte Grundstücke, das „öffentliche Gut", daher in jeder Katastralgemeinde, in der solche Grundstücke vorkommen, einer so genannten „Hilfseinlage" zugeordnet. Diese Hilfseinlagen sind keine Grundbuchseinlagen im Rechtssinn, sie werden nur als Hilfsverzeichnisse geführt.

Es bestehen in diesen Katastralgemeinden folgende Hilfseinlagezahlen:

50000 öffentliches Gut (Straßen und Wege)
50001 öffentliches Gut (Gewässer)

Rangordnung für die Veräußerung

```
al 3288/2006 Rangordnung für die Veräußerung bis 2007-06-18
```

Die Anmerkung der Rangordnung für die beabsichtigte Veräußerung begründet dem Eigentümer einen Rang für eine eventuell bevorstehende Veräußerung. Diese Rangordnung hat eine Gültigkeit von einem Jahr. Spätere, der Anmerkung folgende Eintragungen haben auf die Abschreibung keinen Einfluss. Innerhalb dieses Jahres kann die Einverleibung des Eigentumsrechtes für einen neuen Eigentümer rückwirkend im Rang dieser Anmerkung erfolgen und sämtliche in der Zwischenzeit getätigten Eintragungen können gemäß § 57 GBG gelöscht werden.

Rangordnung für die Einräumung von Wohnungseigentum

```
ak 5156/2003 Rangordnung für die beabsichtigte Einräumung von
             Wohnungseigentum gem § 42 WEG 2002; Treuhänder: Dr. Johann
             Mittermaier geb 1946-08-08
```

Ist auf einer Liegenschaft zumindest eine Anmerkung der Einräumung von Wohnungseigentum eingetragen, kann hinsichtlich jener wohnungseigentumstauglichen Objekte, für welche noch keine Bewerber vorhanden sind, ein Treuhänder bestellt werden, der jene Rechte ausübt, die Wohnungseigentumsbewerbern zustehen würden.

Rechtfertigung

```
am 2234/2005 Rechtfertigung
```

Unter Rechtfertigung versteht man die Erfüllung der Bedingung, die zur Einverleibung bei einer eingetragenen Vormerkung noch gefehlt hat.

Mathematisch gesehen könnte man sagen: Vormerkung + Rechtfertigung = Einverleibung.

Rekurs

```
an 731/2004 Rekurs
```

Die Anmerkung eines eingebrachten Rekurses kann in jedem Blatt vorkommen und hat zur Folge, dass die begehrte Eintragung, im Fall der Durchsetzung im Rechtsmittelweg, im Rang des seinerzeitigen Antrages erfolgen kann.

Standesbezeichnung Ingenieur

```
ao 766/2003 Standesbezeichnung Ingenieur
```

Die Standesbezeichnung Ingenieur wurde beim bereits eingetragenen Eigentümer im Nachhinein mit TZ 766/2003 beigefügt.

Streitanhängigkeit

```
ap 2345/2003 Streitanhängigkeit (4 C 115/03 f BG Innsbruck)
```

Hier handelt es sich um eine andere Form der Klagsanmerkung. Sinn der Eintragung ist ebenfalls das Erkennbarmachen eines anhängigen Prozesses.

Teilung des Anteils

```
aq 668/2003 Teilung des Anteils
```

Dieser Hinweis wird gesetzt, wenn beispielsweise ein Alleineigentümer auf seiner Liegenschaft mehrere Wohnungen errichtet und vorläufiges Wohnungseigentum im Sinne der § 45 ff WEG begründet. Hierzu ist es erforderlich den Anteil (1/1) zu teilen und die einzelnen Anteile mit dem Wohnungseigentum an tauglichen Objekten zu verbinden.

Überleitung des Vorverfahrens in das Ausgleichsverfahren

```
ar 668/2004 Überleitung des Vorverfahrens in das Ausgleichsverfahren am
         2006-02-02 (3 Sa 22/06 g)
```

Im Insolvenzrecht besteht die Möglichkeit nach Durchführung des Vorverfahrens (Prüfungsverfahrens) das Ausgleichs- oder Konkursverfahren zu eröffnen, wenn die gesetzlichen Voraussetzungen hierfür vorliegen.

Übertragung von Eintragungen

```
as 312/2003 Übertragung der vorangehenden Eintragung(en) aus EZ 22 KG
         63001 Adriach
```

Im Fall der Ab- und Zuschreibung von Grundstücken besteht die Möglichkeit der Mitübertragung von Eintragungen. Bei den mitübertragenen Eintragungen wird dieser Hinweis unter Anführung der TZ, mit welcher die Übertragung stattgefunden hat, beigefügt.

Übertragung des Rechts auf Wohnungseigentumseinräumung

```
at 2378/2004 Übertragung des Rechts auf Wohnungseigentumseinräumung gem § 40
Abs 2 WEG an James Bond geb 1944-02-07
```

Das einem Wohnungseigentumsbewerber von einem Wohnungseigentumsorganisator zugesagte Recht auf Einräumung von Wohnungseigentum an einer bestimmt bezeichneten Wohnung kann vom Berechtigten durch Vertrag auf andere Personen übertragen werden.

Überwachung der Ausgleichserfüllung

```
au 856/2004 Überwachung der Ausgleichserfüllung
```

Die vom Konkursgericht angeordnete Überwachung der Erfüllung der Verpflichtungen, die dem Ausgleichsschuldner bei Annahme des Ausgleichsvorschlages auferlegt worden sind, kann im Grundbuch angemerkt werden.

Urteil auf Feststellung des Nichtbestehens eines Rechtes

```
av 2221/2003 Urteil auf Feststellung des Nichtbestehens eines vorgemerkt
         gewesenen Rechtes
```

Diese Ersichtlichmachung soll den Eigentümer der Liegenschaft vor weiteren Begehren in derselben Sache schützen.

Eintragungsbeispiele im B-Blatt

Veräußerungsverbot

```
aw 317/1978 Veräußerungsverbot
```

Ein im Lastenblatt einer Liegenschaft eingetragenes Veräußerungsverbot wird zusätzlich im B-Blatt beim betroffenen Eigentümer ersichtlich gemacht.

Verbindung gem. WEG

```
ax 3388/1997 Verbindung gem § 12 Abs 1 WEG 1975
ay 3388/1997 Verbindung gem § 5 Abs 3, § 13 Abs 3 WEG 2002
```

Zwei natürliche Personen können gemeinsam Wohnungseigentum an einem wohnungseigentumstauglichen Objekt begründen. Ihre beiden Anteile (Anteile am Mindestanteil) sind jedoch untrennbar miteinander verbunden und dürfen nicht getrennt belastet werden.

Verlängerung der Minderjährigkeit

```
az 219/1956 Verlängerung der Minderjährigkeit
```

Die Verlängerung der Minderjährigkeit und auch die Verlängerung der väterlichen Gewalt waren in vergangener Zeit Mittel, das volle Verfügungsrecht einer volljährig gewordenen, vermögenden Person hinauszuzögern, um eine eventuelle Verschleuderung des Vermögens zu verhindern.

Verlängerung der väterlichen Gewalt

```
ba 219/1956 Verlängerung der väterl Gewalt
```

Die Verlängerung der väterlichen Gewalt und auch die Verlängerung der Minderjährigkeit waren in vergangener Zeit Mittel, das volle Verfügungsrecht einer volljährig gewordenen, vermögenden Person hinauszuzögern, um eventuell eine Verschleuderung des Vermögens zu verhindern.

Verlängerung der vormundschaftlichen Gewalt

```
bb 219/1956 Verlängerung der vormundschaftl Gewalt
```

Die Verlängerung der vormundschaftlichen Gewalt war ein geringeres Mittel als die damalige Entmündigung. Heute steht mit der Sachwalterschaft die Möglichkeit der verschiedenen Auswirkungen offen (Sachwalterschaft für bestimmte Rechtsgeschäfte, bestimmte Kreise von Angelegenheiten, alle Angelegenheiten).

Versagung der Übernahme

```
b 103/2005 Versagung der Übernahme durch Hennes Mauritz geb 1955-12-07
```

Bei Vorliegen bestimmter Bedingungen kann ein Interessent vor der zwangsweisen Versteigerung einer Liegenschaft einen Übernahmsantrag (Kaufantrag) stellen (§ 271 EO). Die Versagung dieser Übernahme wird angemerkt.

Versagung des Zuschlags

```
b 366/2005 Versagung des Zuschlags an Franz Käufer geb 1956-03-22
```

Im Zwangsversteigerungsverfahren ist der Zuschlag zu versagen, wenn begründeter Widerspruch erhoben wurde (§ 186 EO).

Volle Entmündigung

```
c 356/1956 volle Entmündigung, (P 188/1955)
```

Die volle Entmündigung entspricht heute der Sachwalterschaft für alle Angelegenheiten. Der Betroffene wird in allen Angelegenheiten von seinem Sachwalter vertreten.

Vorkaufsrecht

```
d 644/2005 Vorkaufsrecht
```

Ein im Lastenblatt rechtswirksam eingetragenes Vorkaufsrecht wird zusätzlich im Eigentumsblatt ersichtlich gemacht.

Vorläufige Aufschiebung der Erbteilung

```
e 6578/2003 vorläufige Aufschiebung der Erbteilung
```

Unter Erbteilung versteht man die tatsächliche Aufteilung der einzelnen Vermögensteile der Erbschaft an die nach Quoten festgestellten Erben. Bei Uneinigkeit der Erben hierüber kann eine gerichtliche Aufteilung begehrt werden.

Vorläufiges Wohnungseigentum

```
f 316/2005 Vorläufiges Wohnungseigentum an KFZ-Abstellplatz Nr. 2
```

Der Alleineigentümer kann gemäß § 45 WEG 2002 aufgrund einer schriftlichen Errichtungserklärung (Wohnungseigentumsstatut) vorläufiges Wohnungseigentum auf einer Liegenschaft begründen. Bei Veräußerung einzelner Anteile (Wohnungseigentumsobjekte) wird das vorläufige Wohnungseigentum in Wohnungseigentum umgewandelt.

Eintragungsbeispiele im B-Blatt

Widmung für den Deckungsstock

```
g 4889/2004 Widmung für den Deckungsstock
```

Nach dem Hypothekenbankgesetz können Hypotheken (Grundpfandrechte), die in einem Hypothekenregister eingetragen und dadurch mit dem Kautionsband (=Widmung für den Deckungsstock =Widmung für die Kaution) behaftet sind, nur mit Zustimmung eines Treuhänders im Grundbuch eingetragen und gelöscht werden.

Widmung für die Kaution

```
h 436/2003 Widmung für die Kaution
```

Nach dem Hypothekenbankgesetz können Hypotheken (Grundpfandrechte), die in einem Hypothekenregister eingetragen und dadurch mit dem Kautionsband (=Widmung für den Deckungsstock =Widmung für die Kaution) behaftet sind, nur mit Zustimmung eines Treuhänders im Grundbuch eingetragen und gelöscht werden.

Wiederaufnahme des Konkurses

```
i 23/2005 Wiederaufnahme des Konkurses am 2005-04-16 (26 S 322/02 s LGZ
          Graz)
```

Auch nach einem abgeschlossenen Konkursverfahren kann die Wiedereröffnung des Konkursverfahrens erfolgen, wenn zB Umstände hervorkommen, die während des Konkursverfahrens nicht bekannt waren.

Wohnungseigentum

```
j 366/1999 Wohnungseigentum an Wohnung 4, Grunegasse 16
```

Wohnungseigentum ist das Recht des Miteigentümers einer Liegenschaft, auf ausschließliche Nutzung eines wohnungseigentumstauglichen Objektes (Wohnung, sonstige selbständige Räumlichkeit, Kfz-Abstellplatz). Es wird also die Nutzung des betroffenen Objektes durch die anderen Miteigentümer (wie etwa beim schlichten Miteigentum) ausgeschlossen.

Wohnungseigentum vorgemerkt

```
k 366/1999 Wohnungseigentum vorgemerkt an Wohnung 4, Grunegasse 16 für
          Hansi Hinterberger geb 1957-01-01
```

Die Vormerkung des Wohnungseigentums erfolgt als Vorstufe zur Einverleibung, wenn etwa die Unbedenklichkeitsbescheinigung des Finanzamtes noch nicht vorliegt.

Zugehörigkeit zum Deckungsstock

```
l 5544/2002 Zugehörigkeit zum Deckungsstock
```

Nach dem Hypothekenbankgesetz können Hypotheken (Grundpfandrechte), die in einem Hypothekenregister eingetragen und dadurch mit dem Kautionsband (=Widmung für den Deckungsstock =Widmung für die Kaution) behaftet sind, nur mit Zustimmung eines Treuhänders im Grundbuch eingetragen und gelöscht werden.

Zusage der Einräumung des Wohnungseigentumsrechtes

```
m 426/2001 Zusage der Einräumung des Wohnungseigentumsrechtes gemäß § 24a
         WEG an W 66 für Hermann Maier geb 1932-12-05
n 3277/2005 Zusage der Einräumung von Wohnungseigentum gem § 40 Abs 2 WEG
         2002 an W 66 für Hermann Maier geb 1932-12-05
```

Zusage für Miteigentümer

```
o 316/2006 Zusage für Miteigentumsbewerber
```

Die Zusage zur Begründung von Wohnungseigentum kann nicht nur einem noch nicht als Eigentümer eingetragenen Wohnungseigentumsbewerber, sondern natürlich auch einem bereits eingetragenen, schlichten Miteigentümer eingeräumt werden.

Zusammenziehung

```
p 3978/2005 Zusammenziehung der Anteile
```

Wenn eine Person mehrere Miteigentumsanteile an einer Liegenschaft zu verschiedenen Zeiten erworben hat, besteht die Möglichkeit, wenn die Voraussetzungen des Liegenschaftsteilungsgesetzes gegeben sind (zB keine Belastung, gleichartige Belastung,...), diese Anteile zusammenzuziehen (zB A und B kaufen je zur Hälfte eine Liegenschaft. A erbt von B dessen Hälfte. Die beiden Hälften des A können zu 1/1 zusammengezogen werden).

4. MÖGLICHE EINTRAGUNGEN IM C-BLATT

Abweisung des Gesuchs um Anmerkung einer Rangordnung

```
16  a 23416/2006 Abweisung des Gesuchs um Anmerkung der Rangordnung
          für Pfandrecht EUR 300.000,--, 18 % Z, 20 % VuZZ, NGS EUR
          30.000,--
```

Die Anmerkung dieser Abweisung erfolgte zur Wahrung des Ranges (23416/2006) für den Fall, dass im Rechtsmittelweg die Eintragung doch stattfinden sollte.

Abweisung des Gesuchs um Einverleibung

```
17  a 2176/2006 Abweisung des Gesuchs um Einverleibung der
          Dienstbarkeit des Gehens u Fahrens an Gst 33/12
```

Die Anmerkung dieser Abweisung erfolgte zur Wahrung des Ranges (2176/2006) für den Fall, dass im Rechtsmittelweg die Eintragung doch stattfinden sollte.

Abweisung des Gesuchs um Vormerkung

```
18  a 238/2006 Abweisung des Gesuchs um Vormerkung eines
          Pfandrechtes im Betrag von EUR 3.216,-- sA
          (13 E 2116/2006 f)
```

Die Anmerkung dieser Abweisung erfolgte zur Wahrung des Ranges (238/2006) für den Fall, dass im Rechtsmittelweg die Eintragung doch stattfinden sollte.

Abweisung des Gesuchs um Zwangsversteigerung

```
19  a 3478/2006 Abweisung des Gesuchs um Zwangsversteigerung von
          vollstr EUR 22.314,-- sA für BAWAG Karibik AG
          (14 E 2216/06 g)
```

Die Anmerkung dieser Abweisung erfolgte zur Wahrung des Ranges (3478/2006) für den Fall, dass im Rechtsmittelweg die Eintragung doch stattfinden sollte.

Abweisung des Gesuchs um Zwangsverwaltung

```
20  a 379/2006 Abweisung des Gesuchs um Zwangsverwaltung zur
          Hereinbringung von EUR 15.000,-- sA für Kärntner
          Gebietskrankenkasse (22 E 314/06 d)
```

Die Anmerkung dieser Abweisung erfolgte zur Wahrung des Ranges (379/2006) für den Fall, dass im Rechtsmittelweg die Eintragung doch stattfinden sollte.

Abweisung des Gesuchs um Anmerkung der Rangordnung für Pfandrecht

```
16  a 23416/2006 Abweisung des Gesuchs um Anmerkung der Rangordnung
          für Pfandrecht EUR 300.000,--, 18 % Z, 20 % VuZZ, NGS EUR
          30.000,--
```

Die Anmerkung dieser Abweisung erfolgte zur Wahrung des Ranges (23416/2006) für den Fall, dass im Rechtsmittelweg die Eintragung doch stattfinden sollte.

Abweisung des Gesuchs um Einverleibung

```
17  a 2176/2006 Abweisung des Gesuchs um Einverleibung der
          Dienstbarkeit des Gehens u Fahrens an Gst 33/12
```

Die Anmerkung dieser Abweisung erfolgte zur Wahrung des Ranges (2176/2006) für den Fall, dass im Rechtsmittelweg die Eintragung doch stattfinden sollte.

Abweisung des Gesuchs um Vormerkung

```
18  a 238/2006 Abweisung des Gesuchs um Vormerkung eines
          Pfandrechtes im Betrag von EUR 3.216,-- sA
          (13 E 2116/2006 f)
```

Die Anmerkung dieser Abweisung erfolgte zur Wahrung des Ranges (238/2006) für den Fall, dass im Rechtsmittelweg die Eintragung doch stattfinden sollte.

Abweisung des Gesuchs um Zwangsversteigerung

```
19  a 3478/2006 Abweisung des Gesuchs um Zwangsversteigerung von
          vollstr EUR 22.314,-- sA für BAWAG Karibik AG
          (14 E 2216/06 g)
```

Die Anmerkung dieser Abweisung erfolgte zur Wahrung des Ranges (3478/2006) für den Fall, dass im Rechtsmittelweg die Eintragung doch stattfinden sollte.

Abweisung des Gesuchs um Zwangsverwaltung

```
20  a 279/2006 Abweisung des Gesuchs um Zwangsverwaltung zur
          Hereinbringung von EUR 15.000,-- sA für Kärntner
          Gebietskrankenkasse (22 E 314/06 d)
```

Die Anmerkung dieser Abweisung erfolgte zur Wahrung des Ranges (279/2006) für den Fall, dass im Rechtsmittelweg die Eintragung doch stattfinden sollte.

Abweisung gem. § 56 AllGAG

```
12  a 222/2004 Abweisung gem § 56 AllgGAG
```

Eintragungsbeispiele im C-Blatt

Hier handelt es sich um die Anmerkung einer Abweisung/Zurückweisung einer Anmeldung oder eines Widerspruches im Richtigstellungsverfahren nach dem Allgemeinen Grundbuchsanlegungsgesetz.

Afterpfandrecht

```
26   a 2/2003 500/2006 Kaufvertrag 2005-12-24
          PFANDRECHT                                        EUR 200.000,--
          4 % Z, NGS EUR 20.000,-- für
          Dr.Hans Eigentümer geb 1944-03-04
     b 426/2005 Afterpfandrecht EUR 22.500,-- 5 % Z, NGS EUR
          3.000,-- für
          Raiffeisenbank Rauris
          registrierte Genossenschaft mit beschränkter Haftung
```

Bei einem Afterpfandrecht ist das gepfändete Objekt nicht die Liegenschaft, sondern das Pfandrecht des Gläubigers an einer Liegenschaft. Der im Grundbuch eingetragene Gläubiger (hier Dr. Hans Eigentümer) ist gleichzeitig auch Schuldner eines anderen Gläubigers (hier Raiffeisenbank Rauris ...).

Akademischer Grad

```
c 500/2006 akademischer Grad
```

Der akademische Grad eines Buchberechtigten wurde nachträglich mit der TZ 500/2006 beigefügt.

Anfechtungsklage

```
28 b 6211/2005 Anfechtungsklage (3 C 2217/05 f)
```

Es ist ersichtlich, dass hinsichtlich eines eingetragenen Rechtes (Pfandrecht, Dienstbarkeit, Wohnungsrecht, etc.) eine Anfechtung dieses Rechtes durch Einbringung einer Klage erfolgt ist. Den Ausgang dieses Verfahrens muss jeder folgende Eigentümer der Liegenschaft zur Kenntnis nehmen.

Anmeldung gem. § 40 AllGAG

```
14  a 22/2005 Anmeldung gem § 40 AllgGAG
```

Hier handelt es sich um die Anmerkung der Anmeldung einer Last im Einbücherungsverfahren nach dem Allgemeinen Grundbuchsanlegungsgesetz. Sämtliche Ansprüche von Personen, die auf eine Eintragung/Änderung der neu geschaffenen Einlage abzielen, sind anzumerken.

Auf Anteil

```
2     auf Anteil B-LNR 2 3 4 9 10 13 bis 18 23 26
       a 202/1976 854/1981 Schuldschein 1976-12-12
           PFANDRECHT                                          7,067.000,--
           1 % Z, 10 % VuZZ, NGS 706.700,-- für
           Land Steiermark
```

Wenn zu Beginn einer Eintragung die Bezeichnung „auf Anteil B-LNR 2 3 4 ..." angegeben ist, bezieht sich die nachfolgende Eintragung nicht auf die gesamte Einlage (alle Eigentümer) sondern lediglich auf die hier angeführten Eigentümer, die unter der jeweiligen laufenden Nummer im Eigentumsblatt aufscheinen.

Aufkündigung

```
d 333/2006 Aufkündigung
```

Bestandrechte (Miete, Pacht) können unter bestimmten Umständen im Grundbuch eingetragen werden. Wenn ein Bestandverhältnis während des aufrechten Bestandes beendet werden soll, kann diese Aufkündigung beim eingetragenen Bestandrecht angemerkt werden.

Ausgedinge

```
30  a 2267/2006
         AUSGEDINGE gem Pkt Sechstens 2.) Übergabsvertrag 2006-01-09
         für Josefine Maurer geb 1934-06-12
```

Beim Ausgedinge handelt es sich wohl um die bekannteste Reallast. Den Umfang der Leistungen, die der Liegenschaftseigentümer zu erbringen hat, kann man aus der Vertragsurkunde in der Urkundensammlung ersehen.

Auszahlung der Entschädigung

```
31  a 768/2005 Auszahlung der Entschädigung
```

Hier wurde etwa nach der Wiener Bauordnung eine Entschädigung infolge Abtretung, Übernahme oder Enteignung von Grundflächen ausbezahlt.

Baurecht

```
32  a 3281/2003
         BAURECHT bis 2050-12-31, Baurechtseinlage EZ 355
```

Baurecht ist das Recht, auf einer fremden Liegenschaft ein Bauwerk errichten zu dürfen. Die näheren Umstände aus diesem Recht sind einerseits im Baurechtsgesetz geregelt bzw dem Baurechtsvertrag zu entnehmen. In der Einlage des Liegenschaftseigentümers wird dieses Recht als Belastung einverleibt. Für das Baurecht wird eine eigene Grundbuchseinlage eröffnet (Baurechtseinlage). Die Verknüpfung dieser Einlage mit der Einlage des Liegenschaftseigentümers (Stammeinlage) ist gegenseitig aus dem Grundbuch erkennbar.

Belastungsverbot

```
7  a 215/2006  BELASTUNGSVERBOT für
                 Josef Mittermaier geb 1945-12-03
```

Das Belastungsverbot wird im Lastenblatt rechtsbegründend einverleibt und zusätzlich im Eigentumsblatt ersichtlich gemacht. Eine Eintragung im Grundbuch ist allerdings nur möglich, wenn der Liegenschaftseigentümer und der Berechtigte dem Personenkreis des § 364c ABGB angehören (Ehegatten, Eltern, Kinder, ...).

Belastungs- und Veräußerungsverbot

```
8  a 3216/2006 BELASTUNGS- UND VERÄUSSERUNGSVERBOT für
          Manuela Maier geb 1955-12-16
          Karl Maier geb 1952-03-16
```

Das Belastungs- und Veräußerungsverbot wird im Lastenblatt rechtsbegründend einverleibt und zusätzlich im Eigentumsblatt ersichtlich gemacht. Eine Eintragung im Grundbuch ist allerdings nur möglich, wenn der Liegenschaftseigentümer und der Berechtigte dem Personenkreis des § 364c ABGB angehören (Ehegatten, Eltern, Kinder, ...).

Benützungsregelung

```
35  a 756/2005 Benützungsregelung gem § 17 WEG 2002
36  a 756/2005 Benützungsregelung gem § 828 Abs 2 ABGB
```

Sämtliche Wohnungseigentümer einer Liegenschaft können schriftlich eine Vereinbarung über die Benützung der verfügbaren allgemeinen Teile der Liegenschaft (zB Wiese) treffen.

Diese Vereinbarung wird durch den Wechsel einzelner Wohnungseigentümer nicht berührt.

Berichtigung des Grundbuchs gem. § 136 GBG

```
10  a 3216/2006 Berichtigung des Grundbuchs gem § 136 GBG
```

Hier erfolgte eine Berichtigung des Grundbuches auf Ansuchen, da das Grundbuch die wirkliche Rechtslage nicht wiedergegeben hatte.

Berichtigung gem. § 21 GUG

```
12  a 215/2006 Berichtigung gem § 21 GUG
```

Es erfolgte die Berichtigung einer Eintragung, die bei der Umstellung des „händischen" Grundbuches auf das ADV-Grundbuch fehlerhaft erfasst worden ist. Solche Berichtigungen sind sowohl von Amts wegen als auch über Antrag erfolgt.

Berichtigung von Fehlern gem. § 104 GBGB

```
11  a 3216/2006 Berichtigung von Fehlern gem § 104 GBG
```

Es erfolgte die Berichtigung einer fehlerhaften Eintragung durch das Grundbuchsgericht.

Beschränkte Entmündigung

```
13  a 323/1988
           WOHNUNGSRECHT für
           Johanna Zinterl geb 1904-02-02
    b 16/1989 beschränkte Entmündigung
```

Die beschränkte Entmündigung ist ein rechtlicher Vorläufer der Sachwalterschaft für bestimmte Kreise von Angelegenheiten.

Bestandrecht

```
14  a 24327/2000 BESTANDRECHT gem Pkt Viertens Pachtvertrag 2000-07-16 für
           Johannes Pfandl geb 1949-10-12 bis 2020-12-31
```

Bestandrechte (Miete, Pacht) können unter bestimmten Umständen im Grundbuch eingetragen werden. Eine wichtige Voraussetzung hierfür ist das Vorhandensein eines Beendigungsdatums.

Bestellung eines einstweiligen Sachwalters

```
15  a 323/2004 Bestellung eines einstweiligen Sachwalters
           (16 P 217/04)
```

Hier handelt es sich um eine Beschränkung des Buchberechtigten in seiner Handlungsfähigkeit. Sämtliche Verhandlungen/Verträge bezüglich dessen Rechte dürfen nur mehr mit dem Sachwalter geführt/geschlossen werden. Abgeschlossene Verträge müssen zusätzlich vom Sachwalterschaftsgericht genehmigt werden, damit eine Gültigkeit gegeben ist.

Eintragungsbeispiele im C-Blatt

Bestellung eines öffentlichen Verwalters

```
38  a 656/2004 Bestellung eines öffentl Verwalters (Stadtgemeinde
          Frohnleiten)
```

Die Bestellung eines öffentlichen Verwalters einer Liegenschaft nach dem Verwaltergesetz lässt jedermann erkennen, wer Ansprechpartner der betroffenen Liegenschaft ist.

Bestellung eines Sachwalters

```
15  c 323/2004 Bestellung eines Sachwalters (16 P 217/04)
```

Hier handelt es sich um eine Beschränkung des Buchberechtigten in seiner Handlungsfähigkeit. Sämtliche Verhandlungen/Verträge bezüglich dessen Rechte dürfen nur mehr mit dem Sachwalter geführt/geschlossen werden. Abgeschlossene Verträge müssen zusätzlich vom Sachwalterschaftsgericht genehmigt werden, damit eine Gültigkeit gegeben ist.

Bestellung eines vorläufigen Beistands

```
39  a 210/1958
          BELASTUNGS- UND VERÄUSSERUNGSVERBOT für
          Marcel Bravour
    b 3000/1969 Bestellung eines vorläufigen Beistands
```

Hier handelt es sich um eine Beschränkung des Buchberechtigten in seiner Handlungsfähigkeit. Sämtliche Verhandlungen/Verträge bezüglich dessen Rechte dürfen nur mehr mit dem Sachwalter (früher Beistand) geführt/geschlossen werden. Abgeschlossene Verträge müssen zusätzlich vom Sachwalterschaftsgericht genehmigt werden, damit eine Gültigkeit gegeben ist.

Dienstbarkeit

```
40  a 7689/2005
          DIENSTBARKEIT der Errichtung, Verlegung u des Betriebes
          einer Hochspannungeleitung gem Pkt 16 Dienstbarkeitsvertrag
          2004-06-17 für
          Elektroversorgung Nord AG
```

Eine Dienstbarkeit ist eine Last, die immer mit einer Duldung verbunden ist.

Einleitung des Berichtigungsverfahrens

```
c 27/2006 Einleitung des Berichtigungsverfahrens
```

Wenn die Berichtigung einer falschen Eintragung Rechtsfolgen nach sich ziehen oder Rechte Dritter berühren könnte, darf diese Berichtigung nicht ohne Durchführung eines Verfahrens, an dem die Betroffenen zu beteiligen sind, vorgenommen werden.

Einleitung des Löschungsverfahrens

```
2  a 394/1983 Urkunde 1983-01-14
          PFANDRECHT                                              752.000,--
          für Republik Österreich (FA Graz-Stadt StNr 425/193)
          vorgemerkt
   b 328/2005 Einleitung des Löschungsverfahrens
```

Wenn einer beantragten Löschung nicht sofort entsprochen werden kann, besteht die Möglichkeit der Einleitung eines Löschungsverfahrens gemäß § 133 Abs 2 GBG.

Einleitung des Rückstellungsverfahrens

```
41  a 546/2004 Einleitung des Rückstellungsverfahrens
```

Hier handelt es sich um die Anmerkung der Einleitung eines Rückstellungs-/Rückübereignungsverfahrens gemäß einer landesgesetzlichen Bauordnung.

Einleitung des Versteigerungsverfahrens

```
12  a 312/2004 Einleitung des Versteigerungsverfahrens gem § 119 KO
           (1 E 15/04 g)
43  a 778/2006 Einleitung des Versteigerungsverfahrens zur
           Hereinbringung von EUR 21.317,66 sA für BAWAG Bank für
           Arbeit und Wirtschaft AG
           (24 E 216/06 h)
```

Die Zwangsversteigerung ist ein Exekutionsmittel, welches die Versteigerung der Liegenschaft zum Bestpreis als Ziel hat. Der Erlös wird auf die Gläubiger nach dem Rangprinzip aufgeteilt. Der Rang wird durch ein Pfandrecht oder durch den Versteigerungsantrag begründet.

Einlösung

```
44  a 313/2004 Einlösung
```

Hier handelt es sich um die Anmerkung der Einleitung eines Ablösungs-/Einlösungsverfahrens von Grundflächen gemäß einer landesgesetzlichen Bauordnung.

Einschränkung der Befugnisse

```
45  a 2417/1974 Einschränkung der privatrechtl Befugnisse auf jene
           eines öffentl Verwalters
```

Wenn öffentliches Gut (Straßen, Wege, Gewässer, ...) doch im Grundbuch eingetragen ist, kann eine derartige Eintragung vorgenommen werden, um den Charakter der Liegenschaft erkennbar zu machen.

Eintragungsbeispiele im C-Blatt

Einstweilige Verwaltung

```
46  a 45/2000 Einstweilige Verwaltung
```

Beschränkungen des Eigentümers können nach dem Verwaltergesetz derart eingetragen werden.

Enteignung

```
47  a 6178/1996 Enteignung
```

Unter Enteignung versteht man die zwangsweise Ablöse von Grundflächen, meist durch die öffentliche Hand (Bund, Land, Gemeinde), wenn ein öffentliches Interesse vorliegt. Diese Verfahren sind in verschiedenen Gesetzen wie zB Eisenbahnenteignungsgesetz, Stadterneuerungsgesetz, Bodenbeschaffungsgesetz, Rohrleitungsgesetz, Starkstromwegegesetz etc geregelt.

Entscheidung über die Aufteilung der Aufwendungen

```
48  a 6178/1996 Entscheidung über die Aufteilung der Aufwendungen
          gem § 19 WEG
49  a 2300/2005 Entscheidung über die Aufteilung der Aufwendungen
          gem § 32 WEG 2002
```

Wenn die Aufteilung der Aufwendungen für die Liegenschaft von der gesetzlichen Norm abweichen soll, können die Miteigentümer eine andersartige Regelung treffen oder bei Nichteinigung eine gerichtliche Entscheidung hierüber herbeiführen.

Erlag einer Entschädigung

```
50  a 900/2004 Erlag einer Entschädigung
```

Der Erlag der Entschädigungssumme in einem Enteignungsverfahren bewirkt den außerbücherlichen Eigentumsübergang auf den Enteigner.

Eröffnung des Ausgleichsverfahrens

```
14  a 24327/2000
          BESTANDRECHT gem Pkt Viertens Pachtvertrag 2000-07-16 für
          Johannes Pfandl geb 1949-10-12
    b 201/2005 Eröffnung des Ausgleichsverfahrens am 2005-06-17 (2
          Sa 315/05 f LG Innsbruck)
```

Hier wurde nicht über das Vermögen des Liegenschaftseigentümers, sondern über jenes des Buchberechtigten das Ausgleichsverfahren eröffnet.

Eröffnung des Konkurses

```
14   a 24327/2000
           BESTANDRECHT gem Pkt Viertens Pachtvertrag 2000-07-16 für
           Johannes Pfandl geb 1949-10-12
     e 3201/2004 Eröffnung des Konkurses am 2004-04-23 (S 205/04 f
           LG Wels)
```

Hier wurde nicht über das Vermögen des Liegenschaftseigentümers, sondern über jenes des Buchberechtigen das Konkursverfahren eröffnet.

Eröffnung des Privatschuldenregulierungsverfahrens

```
13   a 323/1988
           WOHNUNGSRECHT für
           Johanna Zinterl geb 1904-02-02
     f 314/2006 Eröffnung des Schuldenregulierungsverfahrens (3 S
           22/06 f)
```

Hier wurde nicht über das Vermögen des Liegenschaftseigentümers, sondern über jenes des Buchberechtigten das Privatschuldenregulierungsverfahren eröffnet.

Eröffnung des Vorverfahrens

```
g 311/2006 Eröffnung des Vorverfahrens am  2006-04-27 (3 Svv 2/06 a)
```

Hier wurde nicht über das Vermögen des Liegenschaftseigentümers, sondern über jenes des Pfandgläubigers/Buchberechtigten das insolvenzrechtliche Vorverfahren eröffnet.

Fruchtgenussrecht

```
52   a 345/2006
           FRUCHTGENUSSRECHT gem Übergabsvertag 2005-12-03 für
           Maria Masser geb 1946-06-06
```

Die Dienstbarkeit des Fruchtgenusses ist ein höchstpersönliches Recht und kann unter Vorlage der Sterbeurkunde des Berechtigten gelöscht werden. Der Umfang des Rechtes ist aus der betreffenden Urkunde in der Urkundensammlung ersichtlich.

Gebrauchsrecht

```
53   a 312/2006
           GEBRAUCHSRECHT gem Vereinbarung 2006-03-24 für
           Max Huber geb 1955-09-08
```

Die Dienstbarkeit des Gebrauches/Gebrauchsrechtes ist ein höchstpersönliches Recht und kann unter Vorlage der Sterbeurkunde des Berechtigten gelöscht werden. Der Umfang des Rechtes ist aus der betreffenden Urkunde in der Urkundensammlung ersichtlich.

Eintragungsbeispiele im C-Blatt

Gemeinschaftsordnung

```
55  a 67/2005 Gemeinschaftsordnung gem § 26 WEG 2002
```

Sämtliche Wohnungseigentümer können eine Vereinbarung über die Einrichtung bestimmter Funktionen innerhalb der Eigentümergemeinschaft oder über die Willensbildung treffen.

Gesuch um Eintragung eines Baurechts

```
56  a 16/2006 Gesuch um Eintragung eines Baurechts
```

Das Gesuch um Eintragung eines Baurechtes wird vorerst nur angemerkt. Finanzamt und Gemeinde werden aufgefordert bekannt zu geben, ob auf der Liegenschaft gesetzliche Pfandrechte (Grundsteuer, ...) haften. Erst wenn dies nicht der Fall ist, kann die Eintragung des Baurechts bewilligt werden. Dieser Vorgang ist notwendig, da dem Baurecht keine Geldlasten vorangehen dürfen.

Gesuch um Einverleibung

```
57  a 8544/2006 Gesuch um Einverleibung eines Pfandrechtes im
          Höchstbetrag von EUR 100.000,-- für BKS Bank AG bis zum
          Einlangen der Originalurkunde
```

Sind Urkunden in einer beglaubigten Abschrift vorgelegt, da sich das Original bei einem anderen Gericht befindet (zB Simultanpfandrecht in Liegenschaften verschiedener Gerichtssprengel), kann unter bestimmten Voraussetzungen die Originalurkunde nachgereicht werden und im Fall der Bewilligung des Gesuches erfolgt die Eintragung im Rang des seinerzeitigen Einlangens des Gesuches.

Gesuch um Vormerkung

```
58  a 854/2006 Gesuch um Vormerkung des Veräußerungsverbotes für
          Friedrich Fass geb 1944-09-09 bis zum Einlangen der
          Übersetzung
```

Sind Urkunden in einer fremden Sprache verfasst, kann unter bestimmten Voraussetzungen eine Übersetzung nachgebracht werden und im Fall der Bewilligung des Gesuches erfolgt die Eintragung im Rang des seinerzeitigen Einlangens des Gesuches. Hier muss auch noch die Bedingung zur Einverleibung erfüllt werden.

Gleichzeitigkeit

```
59  a 522/2000 gleichzeitig mit 522/2000
```

Der Gleichzeitigkeitsvermerk lässt erkennen, dass hier zwei Rechte den gleichen Rang genießen.

Großjährigkeit

```
59  a 522/2000 Großjährigkeit
```

Bei einem Buchberechtigten wurde nachträglich die Großjährigkeit (nunmehr Volljährigkeit) beigefügt.

Haupteinlage

```
60  b 3667/2006 HAUPTEINLAGE, Simultanhaftung mit NE EZ 324
```

Wenn eine Forderung durch ein Pfandrecht auf mehreren Liegenschaften sichergestellt wird, spricht man von einem Simultanpfandrecht. Aus grundbuchstechnischen Gründen wird eine dieser Einlagen zur Haupteinlage bestellt. Die andere/n Einlage/n werden dadurch zu Nebeneinlagen. Die Bezeichnung als Haupt- oder Nebeneinlage hat jedoch keinerlei Aussagekraft auf den Wert oder die Beschaffenheit der Einlagen. Änderungen betreffend dieses Pfandrechts werden jedoch in der Folge nur mehr in der Haupteinlage eingetragen.

Hypothekarklage

```
c 2217/2006 Hypothekarklage (16 Cg 344/06 f LG Korneuburg)
```

Wird eine grundbücherlich sichergestellte Forderung eingeklagt, kann über Antrag des Klägers dieses Verfahren angemerkt werden. Der Vorteil der Anmerkung liegt darin, dass nach Erlangen eines Exekutionstitels (Urteil) gegen den Schuldner/Liegenschaftseigentümer auch gegen nachfolgende Eigentümer mit diesem Titel Exekution geführt werden kann.

Kautionsband

```
d 2/2003 Kautionsband
```

Diese Anmerkung bezieht sich auf ein eingetragenes Pfandrecht und verpflichtet den Pfandgläubiger, die vom Schuldner zurückbezahlten Beträge in den Deckungsfond für Pfandbriefinhaber einzuzahlen. Das Kautionsband hat demnach nichts mit dem Schuldner (Liegenschaftseigentümer) zu tun, sondern stellt lediglich eine Verpflichtung für den Gläubiger dar. Bei Pfandverträgen, die sich auf Darlehen beziehen, die einem solchen Deckungsstock dienen, werden die Pfandurkunde und auch die später folgende Löschungsurkunde neben dem Gläubiger (Bank) auch von einem bestellten Treuhänder unterfertigt (siehe Hypothekenbankgesetz, Versicherungsaufsichtsgesetz).

Eintragungsbeispiele im C-Blatt

Klage

```
61  a 317/2005 Klage Dienstbarkeit des Gehens u Fahrens hins Gst
          217 (3 C 266/05 s)
```

Durch die Anmerkung dieser Klage wird erreicht, dass der Ausgang des Verfahrens gegen jeden nachfolgenden Eigentümer durchgesetzt werden kann.

Klage gemäß WEG

```
62    auf Anteil B-LNR 12
      a 634/2005 Klage gem § 27 Abs 2 WEG 2002 (7 C 324/05 f)
```

Um einer Forderung der Miteigentümergemeinschaft oder eines Miteigentümers gegen einen anderen Miteigentümer die Wirkungen eines gesetzlichen Vorzugspfandrechtes zu bewahren, ist es erforderlich, dass die Forderung innerhalb eines halben Jahres eingeklagt und diese Klage im Grundbuch angemerkt wird.

Löschung

```
c 1217/2006 Löschung hins HE u NE
```

Wenn Löschungen bei Simultanpfandrechten (eine Forderung auf mehreren Liegenschaften sichergestellt) erfolgen sollen, ist in der Haupteinlage zu beschreiben, in welchem Umfang die Löschung wirken soll (für die HE und die NE, nur für einzelne NE, nur für die HE, ...).

Sobald die Löschungseintragung erfolgt ist, hat auch die Wirkung der Löschung des Rechtes eingesetzt. Dh ein in der Grundbuchseinlage noch ersichtliches Pfandrecht, dem eine Löschungseintragung beigesetzt ist, gilt rechtlich bereits als gelöscht.

Löschung von Nebeneinlagen

```
d 324/2006 Löschung von NE EZ 44
```

Wenn Löschungen bei Simultanpfandrechten (eine Forderung auf mehreren Liegenschaften sichergestellt) erfolgen sollen, ist in der Haupteinlage zu beschreiben, in welchem Umfang die Löschung wirken soll (für die HE und die NE, nur für einzelne NE, nur für die HE, ...).

Löschungsverpflichtung

```
d 746/1994 Löschungsverpflichtung zugunsten
         Raiffeisenbank Passail
         registrierte Genossenschaft mit beschränkter Haftung
```

Bis zum Jahr 1999 hatte der Liegenschaftseigentümer die Möglichkeit, nach Tilgung einer Forderung, das dazugehörige Pfandrecht zugunsten eines anderen Gläubigers wieder auszunützen. Um dies zu verhindern haben die nachfolgenden Pfandgläubiger dem Liegenschaftseigentümer die Verpflichtung auferlegt, vorrangige Pfandrechte nach Tilgung der Forderungen, löschen zu lassen. Da in der Praxis bei jedem Pfandrecht auch diese Löschungsverpflichtung beantragt worden ist – was zu einer Unübersichtlichkeit des Grundbuches führte – hat man die Bestimmung des § 469a ABGB dahingehend geändert, dass die Verpflichtung zur Löschung einer getilgten Forderung gesetzlich geregelt wurde. Seit damals erübrigt sich auch die Anmerkung der Löschungsverpflichtung.

Namensänderung

```
7  a 215/2006
         BELASTUNGSVERBOT für
         Josef Mittermaier geb 1945-12-03
b 313/2006 Namensänderung
```

Beim Berechtigten Josef Mittermaier wurde nachträglich mit TZ 313/2006 der Name geändert.

Nebeneinlage

```
c 3117/2005 NEBENEINLAGE (Änderungen des Pfandrechts werden nur
         in der HE eingetragen), Simultanhaftung mit HE EZ 27 KG
         63003 Friesach
```

Wenn eine Forderung durch ein Pfandrecht auf mehreren Liegenschaften sichergestellt wird, spricht man von einem Simultanpfandrecht. Aus grundbuchstechnischen Gründen wird eine dieser Einlagen zur Haupteinlage bestellt. Die andere/n Einlage/n werden dadurch zu/r Nebeneinlage/n. Die Bezeichnung als Haupt- oder Nebeneinlage hat jedoch keinerlei Aussagekraft auf den Wert oder die Beschaffenheit der Einlagen. Änderungen betreffend dieses Pfandrecht werden jedoch in der Folge nur mehr in der Haupteinlage eingetragen.

Pfandrecht/Darlehen

```
88  a 3218/2004 Schuldschein und Pfandurkunde 2004-05-17
         PFANDRECHT                                        EUR 200.000,--
         6 % Z, 7 % VZ, 8 % ZZ, NGS EUR 20.000,-- für
         BKS Bank AG
```

Dieses Pfandrecht gründet sich auf eine Darlehensforderung, da aus der Eintragung auch Zinsen, Kosten und Nebengebührensicherstellung erkennbar sind.

Pfandrecht/Kredit

```
48  b 729/1993 IM RANG 543/1993 Urkunde 1992-12-17
          PFANDRECHT                                    Höchstbetrag 4,900.000,--
          für Raiffeisenbank Passail registrierte
          Genossenschaft mit beschränkter Haftung
```

Dieses Pfandrecht gründet sich auf eine Kreditforderung. Hier müssen Kapitalforderung, Zinsen, Kosten und sonstige Nebengebühren im eingetragenen Höchstbetrag ihre Deckung finden.

Rangausnützung

```
89  a 2/2003 Einleitung des Versteigerungsverfahrens zur
          Hereinbringung von EUR 2.216,-- sA für Roman Bauer geb
          1933-01-26
          (10 E 201/03 f)
    b 2046/2006 IM RANG 2/2003 Urkunde 2002-10-12
          PFANDRECHT                                    vollstr EUR 2.216,--
          Kosten EUR 200,--, EUR 1.216,-- für
          Roman Bauer geb 1933-01-26
          (10 E 201/03 f)
```

Der Gläubiger hat die Möglichkeit bei vorzeitiger Einstellung des Zwangsversteigerungsverfahrens (kein Anbot, keine Interessenten, Zahlungsvereinbarung mit dem Schuldner, ...) die Eintragung eines Pfandrechtes zu begehren, dem der Rang der seinerzeitigen Anmerkung der Einleitung des Versteigerungsverfahrens zukommt (§ 208 EO).

Rangordnung für die Abtretung

```
63  a 2216/1998 Rangordnung für die Abtretung bis 1999-04-16
```

Gemäß § 53 Abs 2 GBG kann ein Hypothekargläubiger die Anmerkung der beabsichtigten Abtretung oder Löschung seiner Forderung beantragen. Diesen Anmerkungen kommen die gleichen Rechtsfolgen einer allgemeinen Ranganmerkung zu (spätere Eintragungen hindern die beabsichtigte Handlung nicht).

Rangordnung für die Löschung

```
g 607/2006 Rangordnung für die Löschung
```

Gemäß § 53 Abs 2 GBG kann ein Hypothekargläubiger die Anmerkung der beabsichtigten Abtretung oder Löschung seiner Forderung beantragen. Diesen Anmerkungen kommen die gleichen Rechtsfolgen einer allgemeinen Ranganmerkung zu (spätere Eintragungen hindern die beabsichtigte Handlung nicht).

Rangordnung für Pfandrecht

```
64  a 2116/2006
          RANGORDNUNG für Pfandrecht EUR 300.000,-- bis 2007-06-18
```

Die Anmerkung der Rangordnung für die beabsichtigte Verpfändung begründet dem Eigentümer einen Rang für eine eventuell bevorstehende Verpfändung. Diese Rangordnung hat eine Gültigkeit von einem Jahr. Innerhalb dieses Jahres kann die Einverleibung des Pfandrechtes rückwirkend im Rang dieser Anmerkung erfolgen und sämtliche in der Zwischenzeit getätigten Eintragungen haben auf den durch die Anmerkung erworbenen Rang keinen Einfluss.

Rangordnung mit der Bedingung des § 53 GBG für Pfandrecht

```
65  a 2116/2006 RANGORDNUNG mit der Bedingung des § 53 GBG für
          Pfandrecht EUR 300.000,-- bis 2007-06-18
```

Die Anmerkung der Rangordnung mit der angeführten Bedingung erfolgt in jenen Einlagen, die später als Nebeneinlagen bezeichnet werden. Dies hat ausschließlich gebührenrechtliche Hintergründe, da ohne diesen Beisatz für jede Anmerkung in jeder Einlage die Eintragungsgebühr zu entrichten wäre.

Rangvorbehalt für Pfandrecht

```
66  a 78/2005
          RANGVORBEHALT für Pfandrecht Höchstbetrag EUR 100.000,-- im
          Rang des Pfandrechtes LNR 4, 2200/2000 bis 2006-10-22
```

Im Fall der Löschung eines Pfandrechts kann der Eigentümer zugleich die Anmerkung erwirken, dass die Eintragung eines neuen Pfandrechtes, im Rang und bis zur Höhe des gelöschten Pfandrechtes, binnen drei Jahren vorbehalten bleibt.

Reallast

```
67  a 766/1905
          REALLAST der Lieferung von jährlich 10 Klafter Holz an die
          röm kath Pfarrkirche St.Margerethen zu Peggau
```

Reallasten sind Leistungen die vom jeweiligen Eigentümer der Liegenschaft zu erbringen sind. Bei Nichterbringung der Leistung haftet die Liegenschaft dem Berechtigten. Die Reallast hat demnach eine ähnliche Wirkung wie ein Pfandrecht.

Reallast des Bauzinses

```
7  a 13/2003
          REALLAST des Bauzinses von jährlich EUR 20.000,--
```

Eintragungsbeispiele im C-Blatt

Diese besondere Reallast bezieht sich auf ein Baurecht nach dem Baurechtsgesetz (Stammeinlage/Baurechtseinlage) und wird in der Baurechtseinlage eingetragen. Es besteht auch die Möglichkeit der Verbücherung als Pfandrecht.

Rechtfertigung

```
68  a 216/2004 Pfandurkunde 2004-05-16
          PFANDRECHT                                Höchstbetrag EUR 250.000,--
          für BKS Bank AG
          V O R G E M E R K T
    b 317/2006 Rechtfertigung
```

Unter Rechtfertigung versteht man die Erfüllung der Bedingung, die zur Einverleibung bei einer eingetragenen Vormerkung noch gefehlt hat.

Mathematisch gesehen könnte man sagen: Vormerkung + Rechtfertigung = Einverleibung

Dieses Pfandrecht gilt somit als einverleibt.

Rechtfertigung und Vollstreckbarkeit

```
69  a 315/2005 Urkunde 2005-10-15
          PFANDRECHT                                          EUR 2.315,66
          5 % Z, Kosten EUR 26,--, EUR 43,-- für
          Steiermärkische Gebietskrankenkasse
          v o r g e m e r k t
          (3 E 2115/05 g)
    b 288/2006 Rechtfertigung und Vollstreckbarkeit
```

Die Rechtfertigung dieses aufgrund eines Sicherstellungsauftrages vorgemerkten Pfandrechtes erfolgte durch Vollstreckbarkeitserklärung. Vollstreckbar bedeutet, dass bei einem Leistungsbefehl (Urteil, Rückstandsausweis,...) die Leistungsfrist (...zahlbar binnen 14 Tagen bei sonstiger Zwangsfolge...) abgelaufen ist.

Rekurs

```
c 4216/2006 Rekurs
```

Die Anmerkung eines eingebrachten Rekurses kann in jedem Blatt vorkommen und hat zur Folge, dass die begehrte Eintragung, im Fall der Durchsetzung im Rechtsmittelweg, im Rang des seinerzeitigen Antrages erfolgen kann.

Rückkaufsrecht

```
83  a 666/2005
          RÜCKKAUFSRECHT gem Pkt Viertens Kaufvertrag 2004-11-26
          für
          Stadtgemeinde Frohnleiten
```

Ein Rück- oder Wiederkaufsrecht hat die Bedeutung, dass der Verkäufer die Liegenschaft bei Eintritt einer vertraglich vereinbarten Bedingung wieder zurückkaufen kann. (Beispiel: Eine Gemeinde verkauft ein Baugrundstück und verpflichtet den Erwerber innerhalb eines bestimmten Zeitraumes ein Bauwerk auf dem Grundstück zu errichten. Bei Nichteinhaltung hat die Gemeinde das Recht, das Grundstück wieder zurückzukaufen.

Standesbezeichnung Ing.

```
34  a 367/2002
          BELASTUNGSVERBOT für
          Ing Hubert Mandl geb 1967-04-13
    b 313/2006 Standesbezeichnung Ingenieur
```

Beim Berechtigten wurde nachträglich mit TZ 313/2006 die Standesbezeichnung Ingenieur beigefügt.

Streitanhängigkeit

```
70  a 22167/2005 Streitanhängigkeit (17 Cg 22/05 k, LG Graz)
```

Hier handelt es sich um eine andere Form der Klagsanmerkung. Sinn der Eintragung ist ebenfalls das Erkennbarmachen eines anhängigen Prozesses.

Überleitung des Vorverfahrens in das Ausgleichsverfahren

```
d 856/2006 Überleitung des Vorverfahrens in das
          Ausgleichsverfahren am 199 2006-05-16
```

Wenn das Vorverfahren/Prüfungsverfahren über Antrag des Schuldners direkt in ein Ausgleichsverfahren übergeleitet wird, erfolgt eine amtswegige Anmerkung.

Übertragung von Eintragungen

```
d 399/2006 Übertragung der vorangehenden Eintragung(en) aus EZ
          93
e 744/2006 Übertragung der Eintragung(en) lit a - c aus EZ 34
          KG 63001 Adriach
```

Im Fall der Ab- und Zuschreibung von Grundstücken besteht die Möglichkeit der Mitübertragung von Eintragungen. Bei den mitübertragenen Eintragungen wird dieser Hinweis unter Anführung der TZ, mit welcher die Übertragung stattgefunden hat, beigefügt.

Übertragung von Forderungen

```
c 534/2006 Übertragung der Forderung an Bank Austria
          Creditanstalt AG
```

Eintragungsbeispiele im C-Blatt

Wenn ein Gläubiger eine grundbücherlich sichergestellte Forderung an einen anderen abtritt (zediert) kann dieser Rechtsvorgang eingetragen werden. Eine Abtretung/Übertragung/Zession einer Forderung ist in diesem Fall auf freiwilliger Basis, also über Vereinbarung, erfolgt. Geschieht eine derartige Forderungsübertragung gegen den Willen des Gläubigers, also zwangsweise, so spricht man von einer Überweisung zur Einziehung.

Übertragung von Pfandrechten

```
d 566/2006 Übertragung des Pfandrechts an Hubert Holler geb
           1912-12-12
```

Wenn ein Gläubiger ein Pfandrecht auf einen anderen überträgt, kann dieser Rechtsvorgang eingetragen werden. Die Pfandrechtsübertragung ist in diesem Fall auf freiwilliger Basis, also über Vereinbarung, erfolgt. Geschieht eine derartige Übertragung gegen den Willen des Gläubigers, also zwangsweise, so spricht man von einem Afterpfandrecht.

Überwachung der Ausgleichserfüllung

```
72  a 3216/2006 Überwachung der Ausgleichserfüllung
```

Die vom Insolvenzgericht angeordnete Überwachung der Erfüllung der Verpflichtungen, die dem Ausgleichsschuldner bei Annahme des Ausgleichsvorschlages auferlegt worden sind, kann im Grundbuch angemerkt werden.

Überweisung zur Einziehung

```
e 217/2006 Überweisung zur Einziehung zur Hereinbringung von EUR 2.000,- an
          Josef Mayers geb 1977-03-12
          (4 E 1240/06 s)
```

Wird eine Forderungsexekution hinsichtlich der Überweisung einer bücherlich sichergestellten Forderung bewilligt, so hat das Exekutionsgericht von Amts wegen deren Anmerkung zu verfügen (§ 322 EO).

Urteil auf Feststellung des Nichtbestehens eines Rechtes

```
f 655/2006 Urteil auf Feststellung des Nichtbestehens eines
          vorgemerkt gewesenen Rechtes (2 C 1205/2003 s)
```

Diese Ersichtlichmachung soll den Eigentümer der Liegenschaft vor weiteren Begehren in derselben Sache schützen.

Veräußerungsverbot

```
73  a 314/2005
          VERÄUSSERUNGSVERBOT gem WFG 1993 für Land Steiermark
```

Das Veräußerungsverbot wird im Lastenblatt rechtsbegründend einverleibt und zusätzlich im Eigentumsblatt ersichtlich gemacht. Eine Eintragung im Grundbuch ist allerdings nur möglich, wenn der Liegenschaftseigentümer und der Berechtigte dem Personenkreis des § 364c ABGB angehören (Ehegatten, Eltern, Kinder, ...), es sich um ein richterliches Veräußerungsverbot (zB während eines Ehescheidungsverfahrens) oder ein gesetzliches Veräußerungsverbot (wie im vorliegenden Beispiel) handelt.

Vereinbarung über die Aufteilung von Aufwendungen gem. WEG

```
74  a 5216/2000 Vereinbarung über die Aufteilung der Aufwendungen
          gem § 19 WEG 1975
75  a 256/2006 Vereinbarung über die Aufteilung der Aufwendungen
          gem § 32 WEG 2002 gem Par 18 Wohnungseigentumsvertrag
          2006-01-16
```

Sämtliche Wohnungseigentümer können eine, von der gesetzlichen Regelung der Aufteilung der Aufwendungen für die Liegenschaft abgehende, Regelung festlegen. Die angemerkte Aufteilungsregelung wird durch den Wechsel von Wohnungseigentümern nicht berührt.

Verfügungsrecht vorbehalten

```
76  b 3216/2006 Verfügungsrecht vorbehalten
```

§ 469a ABGB bestimmt, dass ein Liegenschaftseigentümer ein Pfandrecht nach Maßgabe der Tilgung der Forderung löschen lassen muss. Ist jedoch bei einem Pfandrecht der Vorbehalt dieses Verfügungsrechtes angemerkt, hat der Liegenschaftseigentümer die Möglichkeit, den Pfandrang nach Tilgung der Forderung nochmals auszunützen.

Verlängerung der Minderjährigkeit

```
c 216/1979 Verlängerung der Minderjährigkeit
```

Die Verlängerung der Minderjährigkeit und auch die Verlängerung der väterlichen Gewalt waren in vergangener Zeit Mittel, das volle Verfügungsrecht einer volljährig gewordenen, vermögenden Person hinauszuzögern, um eine eventuelle Verschleuderung des Vermögens zu verhindern.

Verlängerung der väterlichen Gewalt

```
d 4216/1980 Verlängerung der väterl Gewalt
```

Die Verlängerung der Minderjährigkeit und auch die Verlängerung der väterlichen Gewalt waren in vergangener Zeit Mittel, das volle Verfügungsrecht einer volljährig gewordenen, vermögenden Person hinauszuzögern, um eine eventuelle Verschleuderung des Vermögens zu verhindern.

Verlängerung der vormundschaftlichen Gewalt

```
e 512/1976 Verlängerung der vormundschaftl Gewalt
```

Die Verlängerung der vormundschaftlichen Gewalt war ein geringeres Mittel als die damalige Entmündigung. Heute steht mit der Sachwalterschaft die Möglichkeit der verschiedenen Auswirkungen offen (Sachwalterschaft für bestimmte Rechtsgeschäfte, bestimmte Kreise von Angelegenheiten, alle Angelegenheiten).

Versteigerungstermin

```
77  a 3127/1998 Versteigerungstermin am 1999-12-24
```

Im Zwangsversteigerungsverfahren wurde seinerzeit der Termin der Versteigerung angemerkt. Heute erübrigt sich dies, da die Versteigerung in der Ediktsdatei der Justiz im Internet angezeigt wird. Dort sind auch nähere Daten wie das Schätzungsgutachten ersichtlich.

Volle Entmündigung

```
f 657/1968 volle Entmündigung
```

Die volle Entmündigung entspricht der heutigen Sachwalterschaft für alle Angelegenheiten.

Vollstreckbarkeit

```
d 3179/2006 Vollstreckbarkeit
```

Vollstreckbar bedeutet, dass bei einem Leistungsbefehl (Urteil, Rückstandsausweis,...) die Leistungsfrist (... zahlbar binnen 14 Tagen bei sonstiger Zwangsfolge ...) abgelaufen ist. Die Eintragung erfolgt meist bei Pfandrechten die bisher zur Sicherstellung vorgemerkt waren.

Vollstreckbarkeit gem. § 3 NO

```
e 4567/2006 Vollstreckbarkeit gem § 3 NotO
```

Bei vertraglich vereinbarten und im Grundbuch eingetragenen Pfandrechten besteht die Möglichkeit, einen Prozess zur Erlangung eines Urteiles zu vermeiden, indem die Beteiligten (Gläubiger und Schuldner) vor einem Notar die Vollstreckbarkeit der Forderung vereinbaren. Der Pfandvertrag in Verbindung mit dieser Bestätigung bildet einen Exekutionstitel im Sinne des § 1 EO.

Vorauszahlung des Mietzinses

```
78  a 546/2006 Vorauszahlung des Mietzinses bis 2010-12-31
```

Bei Vorauszahlung des Mietzinses kann sich der Mieter diesen Umstand durch Eintragung ins Grundbuch gegen jeden nachfolgenden Eigentümer absichern lassen.

Vorbehaltene Verpfändung gem. WEG

```
79  a 316/2005 Vorbehaltene Verpfändung gem § 40 Abs 1 WEG 2002 bis
          2007-04-16
80  a 316/1999 Vorbehaltene Verpfändung gemäß § 24a WEG  hins EUR 100.000,--
          bis 2002-04-16
```

Über Antrag des Liegenschaftseigentümers ist im Grundbuch anzumerken, dass für die Begründung von Wohnungseigentum die Verpfändung bis zu einem bestimmten Betrag vorbehalten wird.

Vorkaufsrecht

```
81  a 766/2006
          VORKAUFSRECHT für
          Franz Xaver Holl geb 1955-04-04
```

Der Liegenschaftseigentümer ist verpflichtet, die Liegenschaft für den Fall, dass er beabsichtigt, sie zu verkaufen, diese dem Vorkaufsberechtigten zuerst anzubieten (§§ 1072 ff ABGB).

Vorrang

```
g 433/2006 VORRANG von LNR 68 vor 66
```

Die natürliche Rangfolge in einem Lastenblatt kann durch Vorrangseinräumungen geändert werden. Wenn bei Pfandrechten der Rang geändert wird, ist dies bei sämtlichen betroffenen Rechten einzutragen.

Widerspruch gem. § 46 AllGAG

```
82  a 2216/2003 Widerspruch gem § 46 AllgGAG
```

Personen, die sich bei der Anlegung des Grundbuches/Einbücherung einer Liegenschaft durch die Eintragung von Lasten durch deren Bestand oder deren Rang verletzt fühlen, können Widerspruch gegen diese Eintragung erheben.

Eintragungsbeispiele im C-Blatt

Widmung für den Deckungsstock

```
h 677/1999 Widmung für den Deckungsstock
```

Nach dem Hypothekenbankgesetz können Hypotheken (Grundpfandrechte), die in einem Hypothekenregister eingetragen und dadurch mit dem Kautionsband (=Widmung für den Deckungsstock =Widmung für die Kaution) behaftet sind, nur mit Zustimmung eines Treuhänders im Grundbuch eingetragen und gelöscht werden.

Widmung für die Kaution

```
b 2116/2000 Widmung für die Kaution
```

Nach dem Hypothekenbankgesetz können Hypotheken (Grundpfandrechte), die in einem Hypothekenregister eingetragen und dadurch mit dem Kautionsband (=Widmung für den Deckungsstock =Widmung für die Kaution) behaftet sind, nur mit Zustimmung eines Treuhänders im Grundbuch eingetragen und gelöscht werden.

Wiederaufnahme des Konkurses

```
12 a 34/2003 Wiederaufnahme des Konkurses am 2003-04-16
```

Auch nach einem abgeschlossenen Konkursverfahren kann die Wiedereröffnung des Konkursverfahrens erfolgen, wenn zB Umstände hervorkommen, die während des Konkursverfahrens nicht bekannt waren.

Wiederkaufsrecht

```
83  a 666/2005
          WIEDERKAUFSRECHT gem Pkt Viertens Kaufvertrag
          2004-11-26 für
          Stadtgemeinde Frohnleiten
```

Ein Rück- oder Wiederkaufsrecht hat die Bedeutung, dass der Verkäufer die Liegenschaft bei Eintritt einer vertraglich vereinbarten Bedingung wieder zurückkaufen kann. (Beispiel: Gemeinden verkaufen Baugrundstücke und verpflichten die Erwerber innerhalb eines bestimmten Zeitraumes ein Bauwerk auf dem Grundstück zu errichten. Bei Nichteinhaltung kauft die Gemeinde das Grundstück wieder zurück.)

Wohnungsrecht

```
84  a 2311/2005 WOHNUNGSFRUCHTGENUSSRECHT gem Pkt Achtens
          Übergabsvertrag 2001-11-26 für
          Amalie Übergeber geb 1904-03-04
85  a 416/2006 WOHNUNGSGEBRAUCHSRECHT gem Vereinbarung
          2005-12-05-17 für
          Harald Hobisch geb 1946-04-16
86  a 788/1999
          WOHNUNGSRECHT gem Pkt 4 Übergabsvertrag 1997-04-15 für
          Hildegard Potter
```

Wohnungsrechte des Nichteigentümers können verschiedener Natur sein. Die Unterschiede ergeben sich sowohl in Art und Umfang als auch in der Person des Berechtigten. Bei der Dienstbarkeit der Wohnung handelt es sich um ein höchstpersönliches Recht, welches nur vom Berechtigten ausgeübt werden darf. Im Falle der Dienstbarkeit des Fruchtgenusses, kann der Berechtigte das Wohnrecht auch anderen Personen gewähren. Bei jeder Form der Eintragung ist sowohl die Art der Eintragung, der Inhalt der Rechtserwerbsurkunde als auch die Judikatur zu beachten.

Zwangsverwaltung

```
87  a 378/2006 Zwangsverwaltung zur Hereinbringung von EUR 3.216,--
        sA für Österreichische Lotterien AG
        (14 E 215/05 f)
```

Die Zwangsverwaltung ist ein Exekutionsmittel, das nicht die Versteigerung der Liegenschaft, sondern lediglich deren Verwaltung zum Gegenstand hat. Aus den jeweiligen Erlösen werden durch einen Zwangsverwalter die einzelnen Gläubiger befriedigt. Eine Zwangsverwaltung ist sinnvoll bei Liegenschaften auf denen sich Gasthäuser, Zinshäuser, gewerbliche Gebäude etc befinden.

Stichwortverzeichnis

Stichwortverzeichnis

Amtliche
Registerdienste
Ihr vertrauter
Zugang zu Grund-
und Firmenbuch!
Ohne
Grundgebühr
einfach und
kostengünstig!
Informieren Sie sich JETZT!
E-Mail: sales@lexisnexis.at
Tel.: 01/534 52-2222
LexisNexis
ARD Orac
Ihr Verlag für Steuern, Recht und Wirtschaft